PRIMERA ETAPA DEL MATRIMONIO

Guatemala (502)
2361-0333 Century | 2423-7878 Majadas
6637-9488 Pradera C. | 2480-7505 Helios
4023-7272 Oakland Mall | 4063-6398 Miraflores

www.mater*magistra*.com

Ediciones Palabra, S.A.
Madrid

1ª edición, marzo 2003
2ª edición, marzo 2006

Colección: Hacer Familia
Director de la colección: Jesús Urteaga
Coordinador de la colección: Fernando Corominas

© Antonio Vázquez Vega, 2003
© Ediciones Palabra, S.A., 2006
  Paseo de la Castellana, 210 - 28046 MADRID (España)

Diseño de portada: Francisco J. Pérez León
Fotografía de portada: Archivo Hacer Familia
ISBN-13: 978-84-8239-709-2
ISBN-10: 84-8239-709-5
Depósito Legal: M. 14.122-2006
Impresión: Gráficas Anzos, S. L.
Printed in Spain - Impreso en España

Todos los derechos reservados.
No está permitida la reproducción total o parcial de este libro, ni su tratamiento
informático, ni la transmisión de ninguna forma o por cualquier medio, ya sea
electrónico, mecánico, por fotocopia, por registro u otros métodos,
sin el permiso previo y por escrito del editor.

Antonio Vázquez Vega

PRIMERA ETAPA DEL MATRIMONIO

Segunda edición

Antonio Vázquez Vega

Primera etapa del matrimonio

Segunda edición

Introducción

> *Yo aprendí en el hogar en que se funda*
> *la dicha más perfecta,*
> *y para hacerla mía*
> *quise yo ser como mi padre era*
> *y busqué una mujer como mi madre*
> *entre las hijas de mi hidalga tierra.*
>
> Gabriel y Galán

Hay un tiempo para andar y un tiempo para soñar. Hay un tiempo para crecer y otro para caminar. Hay un tiempo para enamorarse locamente, y un tiempo para amar, para amar con toda la capacidad que se puede tener de amar. Amar hasta que ese amor se convierta en una manera infinita de dar.

INTRODUCCIÓN
ANTONIO VÁZQUEZ VEGA

He pensado muchas veces la manera de comenzar estas líneas. De comenzar y de titular... y he chocado siempre con la dificultad de todo autor de querer sustanciar de un solo golpe toda la fuerza y el empeño que ha puesto en su obra.

Del matrimonio, como de cualquier otro gran misterio de la vida, no se puede hablar con fórmulas ni métodos. Nada hay en el mundo tan alejado de un manual como la principal institución de nuestra sociedad y de la historia.

Y si intentar hablar del matrimonio resulta difícil, más aún si el empeño es el de hablar de la primera edad de este. Hablar del matrimonio es siempre hablar del amor. Y del amor no se habla. Como mucho se cuenta, se vive, se hace día a día. Es por eso que en este libro no encontrarás ciclos ni etapas, y mucho menos un recetario de «matrimonio perfecto». Contaremos cosas. De unos, de otros. Al final siempre es lo mismo. Las palabras conmueven, los ejemplos mueven. Y ejemplos hay muchos. La verdad es que está el mundo lleno.

Esta tarde conversaba con un amigo, y de pasada, como quien lo vive como algo muy propio, hablaba de aprovechar «cada día que es irrepetible»; y sin saber por qué, he pensado que en la vida matrimonial, como en cualquier otro aspecto de la vida, cada día es algo irrepetible. Algo que viene y se va y que no volverá jamás, y quien no sabe aprovecharlo descubrirá al final que se ha perdido una de las mejores cosas de la vida.

Al comenzar estas primeras líneas se me repite, como el estribillo de una canción que no puedes evitar tararear una y otra vez, que

> *la primera edad del matrimonio*
> *es rematadamente irrepetible,*
> *con la emoción de lo que es vivido*
> *con la más plena de las pasiones.*

Habrá una segunda edad en nuestro matrimonio y hasta una tercera y una cuarta, pero solo una es la primera, y por serlo, fundamental para que exista esa segunda, esa tercera y hasta la cuarta.

Lo que bien empieza, bien acaba dice el refrán. Qué sabia es la tradición popular y qué perceptiva para ver las cosas. Hablar de la primera edad del matrimonio es, sin duda, hablar de una historia que comienza y sobre la que se asentarán tantos maderos como la estructura sea capaz de soportar. Como un niño aprende en sus primeros años a hablar, a comunicarse, a respetar y a querer, así nosotros iremos colocando durante esos primeros años los cimientos de algo muy profundo y serio.

Son años importantes, muy importantes. Todos lo son, pero estos lo son más, si cabe. Los pasos para atrás, cuestan el doble hacia delante. Lo tenemos todo. La frescura de la edad, la fuerza de un amor apasionado, la locura de un ideal que todo lo puede alcanzar y la belleza de una madurez que se está abriendo.

Habrá, a un lado y a otro del camino, muchos que dirán que el matrimonio mata el amor, la ilusión, el encanto juvenil de una relación que era idílica. No. El amor lo mata solo quien no sabe amar. Y los que estamos en esta tarea, no queremos saber nada de eso. Al contrario, queremos descubrir hasta donde es capaz de llevarnos el más loco de nuestros amores. Y ahí también, como en tantos sitios, nuestros sueños se quedarán cortos.

Este libro que ahora inicias está dividido en tres grandes bloques: Hacerse uno, Hacerse al otro, Hacer familia. Son las tres grandes fases en toda relación matrimonial y en ese preciso orden. No

INTRODUCCIÓN

es ningún gran descubrimiento. Es el itinerario de cualquier vocación sea la que fuera; y el matrimonio es, sin duda, una gran vocación. Y es que conviene que uno vaya desapareciendo y que los demás crezcan. Será así nos guste o no, pues de pocas cosas podemos estar convencidos como de que un día, antes o después, desapareceremos y conviene que ese día andemos «ligeros de equipaje, como los hijos de la mar».

Una cuestión más. En este libro quisiera evitar hablar de que tenemos que ser buenos. Ya sé que tenemos que serlo. Todos lo sabemos. Sabemos que debemos ser un buen marido, una buena esposa, un buen padre, trabajador, sacrificado, delicado... Todo eso ya lo sabemos. Lo que queremos es descubrir cómo se hace todo eso, cómo se consigue ser padre, madre, trabajador, delicado... en un mundo que va a 120 segundos por minuto, donde la lista de facturas no hace más que crecer y donde el ambiente y el entorno nos manda mensajes de todo tipo y casi siempre contradictorios.

Es por eso que hemos preferido fijarnos en esos hombres y mujeres, algunos muy jóvenes, que están abriendo camino. Les vemos, les conocemos y tenemos el convencimiento de que lo están haciendo bien. Se llaman Javier, Alicia, Sesé, Manolo, Victoria, Carlos, Pepe, Nancy, Ricardo, Miguel, Gloria, Rocío, Gabriel, María, Ramón...

Estas páginas están tomadas al filo de sus vidas, mirándoles de reojo, sin que se den cuenta. Si en ellas hay algo que valga la pena es su testimonio pues al final las palabras pasan y los ejemplos permanecen.

Una última cuestión antes de empezar. Un hombre escribió hace muchos años un libro que se llamaba *Matrimonio para un tiempo nuevo*. Al abrirlo me sorprendió ver que el primero de los capítulos se llamaba «Desde la alegría». Y es verdad, ninguna historia que valga la pena puede ser contada desde otra dimensión. Si no, no tiene valor y pierde altura. El matrimonio tiene ritmo, fuerza, visión, lucha, ilusión. Desde esa perceptiva están escritas y por ellas brindo, bailo y canto.

Y hablaremos, por fin, de Dios. ¿Podía ser de otro modo? Todas las cosas tienen su sello y el matrimonio lo tiene. Vaya que si lo tiene. Pero como en todo, tendremos que descubrirlo y al hacerlo veremos que nuestros sueños son como nuestros hijos «tantos como las arenas del mar o las estrellas del cielo».

PARTE PRIMERA "A"

O vives como piensas,
o acabas pensando como vives.

HACERSE UNO

PARTE PRIMERA

HACERSE UNO

CAPÍTULO 1
UNA DECISIÓN ÚNICA EN EL TIEMPO

Una decisión única en el tiempo

33 años
Lo he copiado del diario personal de alguien muy cercano, con el sabor íntimo de algo que está empezando.

«33 años. Los cumplí anoche, esta mañana... no lo sé muy bien. Siempre había visto esa fecha como algo lejano, una meta distante a la que llegan los corredores de fondo cargados de historias y de realidades jugosas y sencillas.

Me he sorprendido esta mañana, temprano, apenas eran las cuatro de la mañana, dando un beso a mis tres hijos, que, ajenos, dormían desordenados en sus camas.

CAPÍTULO 1
ANTONIO VÁZQUEZ VEGA

De camino al despacho me he visto empezando. Siempre empezando. Treinta y tres años y tengo que venir a estas horas para comenzar de nuevo. El coche está algo más viejo, como mi estómago que ahora se queja de algo que dice el médico que se llama úlcera. Yo empiezo a pensar que tiene los mismos males que mi coche.

Dicen que esta edad supone la plenitud del hombre, que es cuando más desarrolladas están sus facultades. Sin duda, aunque tal vez es que yo no tengo demasiadas. En todo caso los veo como algo auténticamente real, tal vez como lo más real de cuanto poseo, y en todo caso, por mucho que fallen las matemáticas, me están diciendo que se ha cubierto la mitad de una etapa.

Es curioso. Hoy me ha costado poco levantarme. No sé si es lo de la úlcera o es que esto de la edad tiene sus ventajas.

Treinta y tres años y estoy empezando.

Me da miedo mirar atrás, y me dan risa esos personajes que salen en televisión diciendo que ellos no se arrepienten de nada de lo que han hecho en su vida y que si volvieran a nacer, harían, con seguridad, las mismas cosas, ¡qué suerte! Yo, en cambio, estoy seguro de que no haría nada igual, y ahora re-

suena sobre mí la seguridad de que nada de ese tiempo puede cambiar.

Me estoy quedando sin tabaco y eso lo llevo fatal. Otro de los mitos. Siempre me he dicho que en cuanto tuviera unos años más, dejaría de fumar y ya ves, tengo treinta y tres y sigo de tan mal humor, como siempre, cuando me quedo sin tabaco.

Cuando tenía veintitrés siempre pensaba que a los treinta y tres habría hecho grandes cosas, de esas que quedan para la posteridad. Qué manía con la posteridad, y qué afán de hacer regalos a esa señora de la que lo único que sabemos es que no la conoceremos nunca.

No, al cruzar el umbral de los treinta y tres empiezo a tener la sensación de que las cosas grandes no parecen estar previstas en la vida de este aventurero. Por el contrario, da más la impresión de que son las cosas más cotidianas las que más se van aferrando a la suela de los zapatos, y empiezo a pensar si la grandiosidad de la nueva etapa que ahora comienzo no estará en saber descubrir el halo de eternidad que hay en esas cosas infinitamente temporales.

Cuando tenía veintitrés años pensaba que la vida era apretar los puños y empujar más, siempre más, siempre más... Pocos frutos da esa lucha.

CAPÍTULO 1
ANTONIO VÁZQUEZ VEGA

Hay algo que me consuela en estas horas nostálgicas de la madrugada. Lo escuché de un viejo filósofo y son cosas que las creemos porque nos ayudan. Decía que la grandiosidad del hombre está en que con su futuro puede redimir su pasado; aún más, puede transformarlo hasta convertirlo en algo lleno de valor, y lo que era vacío y vano, se convierta en algo profundo y firme, lleno de valor incalculable.

Supongo que ese es nuestro éxito, nuestra lucha y nuestra contradicción... nuestra alegría de pensar que esos treinta y tres peldaños han servido para soltar lastre y que al final, hasta tal vez sea de una vez por todas, ese que debo y que quiero ser.

Solo una cosa más. Esta noche tendré que acostarme bien temprano o no llegaré a los treinta y cuatro.

Parece que fue ayer

¿Recuerdas? Claro que lo recuerdas. Lo recordamos con auténtica ilusión. Nos lo recuerdan las múltiples fotografías que adornan el salón de casa. Fue un día mágico. Para las mujeres, si cabe, ese día hizo nacer una emoción especial, que ahora, al pasar los años, sigue latiendo con la misma fuerza.

UNA DECISIÓN ÚNICA EN EL TIEMPO

El día de nuestra boda fue algo histórico. Entendemos que para el resto de los mortales no pasó de ser una boda más, pero para nosotros es una de esas fechas clave. La batalla de Lepanto, la Conquista de América, la Reconquista o la transición democrática han sido cosas importantes que estudiaremos con gusto en los libros de historia, pero para nosotros la fecha de nuestra boda es mucho más importante.

Ese día tomamos una decisión única en el tiempo: unir nuestra vida a la de otra persona para siempre, y estar junto a ella en los momentos buenos y en los momentos malos, durante los días de alegría y los tristes, cuando tenemos mucho o tengamos poco.

Sabíamos que esa decisión nos iba a determinar para siempre, que al escoger a esa persona, renunciábamos a cualquier otra que pudiera existir, que al decir que sí, estábamos dispuestos a renunciar a todo lo nuestro en favor del otro.

Lo hicimos emocionados por la ilusión, hechizados por el encanto del momento, y felices, inmensamente felices, con una felicidad que solo entendemos nosotros.

CAPÍTULO 1
ANTONIO VÁZQUEZ VEGA

Desde entonces han pasado ya algunos años, pero nos gusta seguir recordando ese día. Supuso tanto. Antes de casarnos, las cosas eran distintas, muy distintas.

Atrás ha quedado toda una época que miramos casi con distancia. Lo pasábamos bien. Eran años sin grandes preocupaciones y sin demasiadas responsabilidades donde la edad nos justificaba, incluso, pequeñas inconsciencias.

Quizá nuestra principal tarea era la de ir forjando una personalidad, un estilo propio. Lo hacíamos a base de ir cogiendo de aquí y de allá cosas que nos gustaban de otras personas.

Responsabilidades, pocas. La principal, la de cubrir las expectativas que unos y otros tenían hechas de nosotros. Es cierto que tomábamos algunas decisiones, varias de ellas que nos vincularían el resto de nuestra vida: la elección de la carrera, la profesión, los amigos con los que compartimos casi todo, nuestros gustos y aficiones... si por algo se caracterizaba nuestra juventud era por una permanente sensación de estar estrenando cosas, de probar nuevas y distintas experiencias, convencidos de que ese ir descubriendo cosas formaba parte de nuestra formación.

Cierto que tomábamos esas pequeñas o grandes decisiones, pero en cualquiera de ellas teníamos la tranquilidad de que acertáramos o no, aquella decisión no pasaba de afectarnos única y exclusivamente a nosotros. Y de otra parte, en la mayoría de las ocasiones, esas decisiones nos venían dadas: por el entorno, los familiares, las circunstancias. En cierto modo, hacíamos lo que teníamos que hacer, lo que la mayoría de la gente pensaba que correspondía.

Fueron años, también, en los que ocurrieron muchas cosas, algunas de ellas decisivas: la muerte de un ser querido, la marcha de nuestra casa de un hermano que se casó, una mala racha económica, la enfermedad de tu madre. Fueron cosas que influyeron mucho, probablemente, pero en cierto modo todas aquellas cosas no fueron ni ocurrieron porque las buscáramos, y en la mayoría de las ocasiones, ni siquiera tuvimos que tomar una decisión. Las aceptábamos tal como eran, y con ellas aprendimos a madurar.

Y fueron años de proyectos. Sobre todo de proyectos. La vida, inevitablemente, va cerrando la horquilla, y conforme va pasando el tiempo, nuestras decisiones tienen más difícil marcha atrás.

CAPÍTULO 1
ANTONIO VÁZQUEZ VEGA

Cuando escogemos hacer una carrera, cerramos, en la mayoría de los casos, la posibilidad de hacer otras. Cuando escogemos una ciudad, lo normal es que no podemos vivir en las demás. Y así con todo. Unos años atrás, en cambio, eran todo proyectos, pues entonces teníamos la posibilidad de escoger entre múltiples alternativas

Parece que fue ayer y ya han transcurrido desde entonces, cinco, seis, siete... años. De hecho, la mayoría tenemos entre 30 y 40 años y estamos viviendo la que llaman la primera edad del matrimonio que va desde la boda hasta que los hijos comienzan a ir al colegio. Eso dicen la mayoría de los autores, y en todo caso, resulta un período bien definido con una características precisas.

Estos años han transcurrido rápido. Apenas nos dábamos cuenta de que pasaban, de que se iban casi de puntillas. De hecho nos encontramos bien, muy bien. Nos hemos sentido jóvenes, capaces en muchos casos de hacer las mismas fantasmadas que con veintitrés. Tenemos toda la vida por delante y nos sentimos sueltos, deportivos, soñadores. Con qué nostalgia miran los mayores esta edad y con qué insistencia nos dicen que la vivamos en toda su plenitud.

UNA DECISIÓN ÚNICA EN EL TIEMPO

Parece que fue ayer y ya tenemos 30, 33, 35. Están ahí. De hecho te dicen que es la plenitud de la vida. Qué seguro y qué firme te sientes, pero lo cierto es que hay algo que hace pensar que ese gesto de nuestro amigo en su diario es algo muy cercano.

Cuando leí el texto me gustó y lo creí apropiado y es que, si las estadísticas no fallan, la mayoría de las personas tienen en su primera edad de matrimonio entre 25 y 35 años. Por lo menos ahora. Supongo que hace unos años serían menos, pero es que hace algunos años había muchas cosas distintas. En todo caso, es ley de vida tener esa edad y más vale que así sea aunque solo fuera, como comentaba un amigo, porque para tener hijos hay que estar en plena forma física y no solo las mujeres. Si no que se lo cuenten a él que tuvo al segundo de sus hijos con los llamados «cólicos de recién nacidos» que no le dejaron dormir en casi tres meses. Y eso con treinta, se aguanta, pero cuarenta, te mueres seguro.

Estamos casados, de pocas cosas tenemos una contestación tan evidente aunque solo sea porque por la mañana, al abrir el ojo nos damos cuenta que no estamos solos y que a nuestro lado hay dos, tres o hasta cinco. ¡Es asombroso cómo los hijos desafían las leyes físicas de la penetración de los cuerpos!

Estamos casados y esa, si Dios quiere, será nuestra situación normal el resto de nuestra vida. En cierto modo nos vamos convenciendo de que el resto de las cosas de nuestra vida, internas, externas, o como las queramos llamar, están referidas a ese preciso hecho.

Una decisión única en el tiempo

Lo cierto es que el matrimonio cambia y transforma de modo radical nuestra vida y que es un punto de inflexión clave.

Han pasado treinta y tres años y como nuestro amigo, notamos que las cosas están cambiando. Desde ese momento se iniciaron una serie de acontecimientos que de una manera constante y permanente nos van indicando que nuestra vida ya no es nuestra, al tiempo que de ella empiezan a depender múltiples responsabilidades: las comidas en casa son distintas, nuestro ordenado cuarto de casa de nuestros padres se cambia por una casa donde todo se comparte, no somos los únicos que usamos el coche aunque sí los únicos que le ponemos gasolina, la factura del teléfono va a nuestro nombre aunque seamos los que menos hablemos, y se consensua lo que se ve en la televisión.

Algo ha cambiado y mucho. Está cambiando de hecho, lo que ocurre es que en ocasiones son tantas las cosas que nos ocupan y es tal el ritmo de nuestra vida en nuestra última etapa que apenas tenemos tiempo para darnos cuenta.

Las cosas han cambiado. Lo mire por donde lo mire es así.

Me lo dice mi trabajo. Profesionalmente nos lo jugamos todo. Ya ha pasado la etapa de la formación, aunque esa sea una asignatura constante a lo largo de toda la vida. Ahora hay que hacerse un hueco, buscar una línea que nos permita alcanzar nuestra excelencia profesional. Eso, que lo vemos en la vida de todos los que nos rodean, exige un esfuerzo grande de tiempo, dedicación, tensión y trabajo. Vivimos en un mundo competitivo. Se regalan pocas cosas, si te descuidas, sabemos de sobra que nos dejarán en la cuneta. Tengo que conseguir prestigio y sobre todo, dinero.

Me lo dice mi propia forma de ser: personalmente disfrutamos de una personalidad que he-

CAPÍTULO 1
ANTONIO VÁZQUEZ VEGA

mos ido forjando, paso a paso, durante treinta años. Hemos aprendido ya el dolor de algunos golpes, sin duda necesarios, para tallar una buena estampa. Hoy el criterio de los demás ya no es necesariamente una pauta de actuación sino una orientación, un consejo. Sabemos, y hemos disfrutado aprendiéndolo, que tenemos muchos puntos fuertes, cosas que hacemos de verdad bien, y sabemos también que hay demasiados puntos débiles, algunos de ellos con el convencimiento de que no los abandonaremos jamás.

Me lo dice mi propia vida social: socialmente nos estamos haciendo también nuestro hueco. Poco a poco hemos dejado de ser la hija de don José, o el hijo mayor de don Carlos para pasar a ser Laura y David. Tenemos un grupo grande de amigos en situaciones similares. Muchos de ellos bien distintos de los que teníamos hace cinco o seis años. Hemos comprado una casa pequeña en una zona residencial a las afueras de la ciudad y disfrutamos del placer que supone estrenar las cosas.

Me lo dice la economía: económicamente no tenemos un duro. Son bien pocos los que se casan con las cuentas corrientes bien ajustadas. La mayoría lo hemos hecho convencidos de que en esa contabilidad los gastos siempre son más que los ingresos. Pero también hemos tenido la garantía de que eso nos ha pasado a todos y al final salimos adelante.

Y me lo dice Dios. Han sido muchas conversaciones las de estos últimos años. De amigo a amigo. Conversaciones en las que hemos hablado de todos esos temas para convencernos de que con Él todas ellas son menos complicadas de lo que imaginamos.

Sí. Nos lo dicen por todas partes. Estamos cambiando y estrenamos una etapa, una apasionante etapa que todo el mundo coincide en decir que es la que más rápida pasa de todas cuantas se tienen en la vida. La casa, el trabajo, los hijos, los amigos... hacen que la vida corra vertiginosa. Parecía ayer cuando nos casamos y ya tenemos tres hijos.

CAPÍTULO 2

LA MADUREZ PERSONAL

La madurez personal

■ **Madurar no es más que cambiar**

Como decíamos hace un rato, este libro está dividido en tres grandes bloques que son como los tres grandes planos de madurez matrimonial, y he querido empezar este primer bloque con el texto de un hombre que, sin duda, está empezando a sentir que algo está cambiando. Y es que si algo nos trae el matrimonio es cambio, un cambio hacia nuevos y más altos horizontes, un cambio hacia nuevos y diferentes modos de vida, pero un cambio a fin de cuentas, y conviene desde el inicio de estas primeras páginas que eso sea algo que tengamos muy presente.

Dios mío, lo que me está costando escribir esto. No hay manera de sacar un rato. Los niños, la

CAPÍTULO 2

ANTONIO VÁZQUEZ VEGA

casa, el trabajo... Pensaba que las Navidades sería un momento perfecto y es que no hay manera. O lo haces por la noche o nada y aun así, cuando parece que ya te has metido un poco en el tema, llora un niño o te entra el sueño.

Me he puesto una cinta de música. Supongo que debe estar un poco desfasada pero es buena. Cómo canta este tío. Sobre todo, las ganas que le pone. Parece como si tuviera la voz rota y cascada y sin embargo le salen unas baladas preciosas y es que para poner cariño no hace falta ni siquiera buena voz.

El matrimonio nos cambia, vaya que si nos cambia, pero nada hay de malo en eso. Más bien al contrario. Dice Gustave Thibón con esa facilidad de expresión que acompaña a los franceses con buena pluma que la «madurez es un proceso que se compone de diversas crisis que debemos ir apuntalando para no caer en la infidelidad o en la infelicidad, las dos tumbas del proceso hacia la madurez». Qué barbaridad. Cuántas cosas se pueden decir en una sola frase. Pero es verdad. Nos lo han dicho desde que tenemos uso de razón. Que sí, que maduramos a golpes, que no somos más que buena fruta que se pincha para que madure antes, o que el diamante solo vale cuando le has quitado, a golpes, todo lo que lleva encima.

La primera edad del matrimonio es para el hombre y para la mujer una etapa clave de su vida caracterizada por el hecho de ir abandonando poco a poco la preocupación por nosotros mismos y por nuestras cosas para preocuparnos poco a poco y cada vez más por las cosas de nuestra familia y de nuestro entorno. El matrimonio implica, necesariamente, un cambio personal de nuestra vida. Un cambio que supone entender de una vez por todas que el peso de nuestra vida lo dan los demás. No hay ninguna vocación, y el matrimonio es una vocación, sin duda, que no implique dar, darse, darlo todo... y quien no esté dispuesto a asumirlo, antes o después será infiel, y sobre todo será infeliz.

Las crisis de muchos matrimonios en épocas tempranas no son más que crisis personales de uno o de otro que son incapaces de poder asumir los compromisos que la vida les ha propuesto. Para poder fundamentar bien un matrimonio es necesario haber fundamentado bien la propia vida de cada uno de los que lo compone. De lo contrario, esas frustraciones personales, esas inseguridades, esos temores, esos complejos... se manifestarán y proyectarán en la vida matrimonial hasta el punto de poder hacerla insostenible.

La gran ventaja es que el matrimonio en muchos casos ayuda a resolver muchos de esos conflictos personales y a convertir en un sólido fundamento lo que inicialmente no era más que una debilidad. Pero en todo caso, siempre será imprescindible resolver positivamente esas situaciones personales como requisito básico de funcionamiento matrimonial.

La primera parte de este libro la queremos dedicar a concienciarnos que en el origen de la mayoría de los problemas matrimoniales estamos nosotros mismos. Nuestro estilo, nuestras manías, nuestras formas de pensar y hacer, son, en muchas ocasiones el verdadero, y en algunos casos, el único problema de las crisis matrimoniales. Uno no es marido y luego hombre. Esposa y luego mujer. Uno es hombre o mujer y luego esposa o marido.

Nuestra vida, la nuestra personal, va cambiando con el paso del tiempo. Ocurrirá invariablemente y en nuestras manos está el conseguir que ese cambio resulte para algo bueno y positivo o no.

Resistirse es peor, pues al final, las cosas terminan imponiéndose y no siempre como esperamos.

Pero dediquemos algo de tiempo en hablar de esos cambios. Hace unos momentos hablábamos de las cosas que en nuestro entorno y en nosotros mismos han cambiado desde nuestros tiempos de jóvenes novios a los de matrimonio joven. Cambios que, posiblemente, nos han hecho sonreír y exclamar, como quien lo tiene bien asumido, que la vida es así.

Así nos ocurre, por ejemplo, con la libertad. Las personas tenemos, por lo general, una altísima estima de la libertad. En eso coincidimos casi todos. La libertad, la nuestra y la de los demás son algo por lo que vale la pena pelearse, luchar y hasta morir si es preciso. Reaccionamos con auténtica rebeldía frente a cualquier cosa que pudiera atentar contra ella sea grande o pequeña. Y eso no es malo.

El problema es cuando confundimos y creemos que la libertad es estar libre de compromisos. Eso es imposible. No somos gaseosa que flote en estado puro. Somos personas que vivimos en el mundo y eso hace que necesariamente participemos en las reglas del juego que existen. La vida,

CAPÍTULO 2
ANTONIO VÁZQUEZ VEGA

nos guste más o menos nos viene condicionada. Nos la condiciona nuestro trabajo, el jefe, el horario; nos la condiciona las normas de la vida social (ir por la derecha en la carretera, las señales de tráfico, el exceso de velocidad); nos la condiciona nuestra condición física, nuestras posibilidades económicas.

Hemos inventado un mundo, el nuestro de hoy, que si por algo se caracteriza es porque nos organizan bastante la vida, y el problema común a muchas personas es que apenas les quedan ratos en su vida sobre los que poder decidir.

Nos organizan la vida desde el entorno, la publicidad, el trabajo, las amistades, los directores de marketing de las grandes compañías, las empresas de ocio... Todo el mundo parece empeñado en conseguir de nosotros determinados hábitos, determinadas formas de comportamiento.

Pues bien, el matrimonio supone una cuestión que indiscutiblemente nos va a condicionar a nivel personal. Nos condiciona, porque poco a poco nos va llevando a darnos cuenta que nuestros planes, nuestros proyectos, nuestro tiempo, nuestro dinero, nuestros horarios están condicionados y mediatizados por nuestra mujer y nuestros hijos.

Nos esforzamos, muchas veces, en hacer planes propios que hacen referencia a nuestro trabajo, a nuestros hobbies, a nuestro deporte. En ocasiones son planes por los que teníamos auténtica ilusión: un viaje, un partido de tenis, una cena... y cuando ya casi estábamos a punto de salir por la puerta, resulta que a uno de los más pequeños le ha subido mucho la fiebre o que tu marido te ha llamado para decirte que este sábado también tiene que trabajar. Son situaciones contra las que nos rebelamos, cargados de razón, pero que nos van haciendo entender que nuestra vida no es algo propio.

¿Algo propio?, preguntamos escépticos. ¿Pero es que nos queda algo propio? Nos preocupa mucho nuestra falta de libertad. Posiblemente en algunas ocasiones, cuando esperas en el atasco o vuelves en autobús, has pensado en estas cosas: cuándo tendré un rato para leer, jugar nueve hoyos completos, o dormir una buena siesta. Pero incluso has pensado en cosas mucho más importantes: si no saco tiempo para estudiar, nunca progresaré, o si no descanso debidamente, mañana no podré rendir...

Nos va a condicionar y eso es bueno pues son condicionantes que hemos buscado nosotros, si no fueran esos, serían otros, pero todos, absolutamente todos estamos condicionados por algo.

Nos están expropiando nuestra libertad. Lo pensamos con toda crudeza, sin condescendencias. Ha sido sin grandes declaraciones. Una guerra de guerrillas, al acecho, pero de una eficacia probada.

No. No es un problema de libertad. No hay más libertad que la que se da, la que tiene un porqué y un para qué, y ese para qué es la felicidad personal, única aspiración legítima. En la medida en que el tiempo pasa, nuestras certezas disminuyen en número y aumentan en profundidad, y nos daremos cuenta que son esas cesiones y esas negaciones las que nos han permitido coger la altura suficiente para alcanzar la felicidad.

Tener un proyecto personal

Hasta ahora hemos hablado de que el matrimonio nos está influyendo a nivel personal. El resto de este libro está dedicado a explicar las consecuencias de esa decisión.

Ahora bien, aunque el matrimonio sea un camino espléndido que supone fundamentalmente una apertura al exterior, a los demás, eso no es ni puede ser incompatible con tener un proyecto personal.

Tener proyectos no es patrimonio de la juventud. En ellos es imprescindible. En nosotros necesario. Los hombres tenemos que tener proyectos. En las dos partes siguientes de este libro hablaremos de proyectos que haremos con nuestra mujer, con nuestros hijos. Ahora queremos dedicar un rato para hablar de los que tenemos que tener como personas.

Son años, estos, especialmente importantes. Hasta ahora nos hemos dedicado a invertir con bastante perceptiva de futuro. Lo hemos hecho en nuestra formación profesional, en nuestra personalidad, en nuestros gustos y estilo, hasta es posible que en un pequeño patrimonio personal. Teníamos la perceptiva de que de esas cosas dependería, en parte, nuestro futuro. Mirábamos hacia delante convencidos de que teníamos que crecer.

Estos últimos años hemos cambiado algo esa forma de ver las cosas. No es que no les demos importancia, es que ahora vivimos al día, entre otras cosas porque todo sucede tan precipitadamente y son tantas las cosas que se aprietan por aparecer en nuestro día, que casi no nos queda tiempo para nada más.

Nos pasaremos el resto de este libro, lo estamos haciendo desde sus primeras páginas, hablando de cómo nuestra vida se va orientando cada vez más hacia nuestra mujer y nuestros hijos, casi como único sentido.

Tal vez por eso conviene que no olvidemos que nada de eso es posible, si no hemos conseguido en nosotros mismos una madurez y un desarrollo personal suficiente. Difícilmente conseguiremos que nuestra familia o nuestros hijos tengan un proyecto personal si no lo tenemos nosotros mismos. Difícilmente conseguiremos transmitir unos valores o unos comportamientos que no hemos sabido cultivar nosotros. Y eso exige esfuerzo, voluntad, constancia.

Tener un proyecto personal propio es duro y costoso, aunque sea gratificante. Todos valoramos esas personas seguras, sensatas y recias, con una personalidad bien definida que viene de dentro, y que les hace saber siempre el camino. Sabemos que eso es algo que no se consigue en un día o en dos. Hay que trabajarlo, pensarlo, madurarlo...

La cuestión es que en ese hacerse hay muchas y serias dificultades. Hemos querido recoger aquí siete, aunque supongo que otras personas podrían recoger tres, diez o veinticinco. A mí me surgen, en cambio, esas siete, que me parecen, sin embargo vitales.

Tener un proyecto personal supone:

1ª La falta de idealismo.

Lo he copiado del diario de un amigo.

Por favor, no sea usted tan realista

Cenando la otra noche con un grupo de amigos, terminábamos charlando de las cosas propias de nuestro trabajo.

Anécdotas, comentarios, algún que otro chiste. Poco a poco la conversación fue polarizándose en un tema. Discutíamos si en el mundo queda o no «gente honesta».

Como suele suceder en estos casos, terminábamos opinando todos.

—Son los menos... este país va al fracaso, la gente solo quiere llenar el buche y lo demás le trae al fresco: convéncete.

Y todos se convencieron. En efecto, cada uno de

CAPÍTULO 2
ANTONIO VÁZQUEZ VEGA

los comensales conocía un ejemplo que reafirmaba la postura de mi amigo:

— porque en mi hospital...
— pues en mi estudio...
— en la revista donde yo trabajo...

Suenan de nuevo las historias de siempre. Viejas conocidas y cada cual más destructiva.

—¡Que no! Que son unos pocos, aunque hagan mucho ruido.

Y le hablo del jardinero de casa que es analfabeto pero conoce a la gente en la cara y les cuento que ayer cortó un ramo de rosas para mi madre y otro para mi novia, y que cuando queremos darle algo más de su salario, se niega siempre.

—Que no, que no te enteras, desengáñate... –me dicen–, y si no al tiempo. Dentro de tres o cuatro años me lo cuentas de nuevo. Cuando veas lo que es la vida...

Tenemos entre 25, 30 o 35 años y hablamos como si hubiéramos superado los sesenta.

No por favor. No sea usted tan realista. Hay savia nueva y nuevo espíritu en muchas almas. Y árboles que se fortalecen con el viento aunque arrecie fuerte.

Donde hay un ideal hay un camino, aunque haya también agujeros y cuevas. No es este peor mo-

mento que en otros siglos. Es tan solo nuestro momento y por eso lo criticamos.

Pero los muros se caen, y los hombres se mueren... y el ideal, queda.

Es verdad que hay muchas cosas en esta etapa de la vida que reclaman nuestra atención y que una buena ración de idealismo es más que necesaria para sacar las cosas adelante.

Ahora bien, es una pena que en la conversación de muchos que tenemos entre treinta y cuarenta, resulte tan difícil encontrar un poquito de idealismo. Parece como si el tener esa forma de pensar fuera algo alérgico, cuando menos, fuera de lugar. Tenemos que ser honrados y reconocer que nos da vergüenza proponer en una cena de amigos conversaciones de más altura o proyectos con una pizca de locura. Tememos el chiste fácil de alguno del grupo, que, sin duda, lo habrá, y no queremos correr ese riesgo. Y somos tontos porque en cuanto alguien pierde el miedo a hacer el ridículo, los demás le siguen. Lo estamos deseando, y nos encanta cuando alguien tiene la suficiente personalidad para abrirnos horizontes nuevos:

• oye, y si el de 23 de diciembre llevamos a los

niños a ver un orfanato y cantamos canciones a los niños enfermos;
- oye, y si montamos un partido de fútbol con nuestros hijos;
- y si hacemos una asociación para dar nuestra opinión sobre la televisión que queremos ver;
- y si montamos una fiesta para sacar fondos para ayudar a los niños de Sudán;
- y si dedicamos unas horas de nuestro trabajo profesional a los más desfavorecidos...;
- oye, habéis leído el último libro de...

Necesitamos modelos y necesitamos líderes. Nos apasiona cuando la industria cinematográfica de Hollywood nos saca nuevos héroes capaces de ponerse en un plano superior a los demás, y en el fondo soñamos que podíamos también nosotros ser uno de ellos. A todos los mortales nos ha encantado la locura del protagonista de «Mejor imposible» o «La vida es bella». Nos encanta aunque estuviera loco de atar, quizá porque los locos son los únicos en llamar a las cosas por su nombre, sin medir ni calcular, como los niños. Nos encanta, aunque estuviera loco, porque era bueno, y en el fondo de nosotros mismos nos encantaría tener un poquito de esa locura.

2ª No tener claro lo que queremos.

El segundo de los peligros que se produce en esta etapa es el de no tener claro qué es lo que queremos. La verdad es que eso ocurre no solo en esta etapa, sino en casi todas, pero es que en estos años se acentúa por la precipitación con la que se producen las cosas.

Los «gurus» de nuestro tiempo se pasan la vida explicando que vivimos en la era de la información, de la sobresaturación de información. Recuerdo que en un curso que daban los servicios de inteligencia americanos (la CIA) a un grupo de empresarios, durante el mismo trataban todo el tiempo de persuadir a los que asistíamos de la velocidad a la que cambian las cosas y la necesidad de estar al día en las últimas innovaciones como único modo de no quedarse desfasados. La verdad es que las cosas que estaban contando no impresionaban demasiado al auditorio, hasta que el ponente nos dio un dato que nos hizo pensar a todos:

—Si ponemos a todos los científicos que ha tenido la humanidad en una lista, descubriremos que el ochenta por ciento de los mismos, viven. Es decir, que la humanidad ha progresado hasta aquí con el otro veinte por ciento.

CAPÍTULO 2
ANTONIO VÁZQUEZ VEGA

Pero lo increíble de lo que les cuento –seguía diciendo el ponente con mayor énfasis– es que ese ochenta por ciento que aún viven, siguen pensando de una manera constante el modo de transformar el mundo en el que vivimos.

Y es que como dice el chotis «los tiempos cambian que es una barbaridad».

Sí. Los tiempos cambian vertiginosamente. Tanto que casi resulta difícil tomar decisiones a largo plazo. Como mucho las podemos tomar a medio y a corto. Cambia el trabajo en el que estamos: cada día están con nuevas aplicaciones, con nuevas investigaciones y métodos. Cambian los medios tecnológicos (desde los que hay en una cocina hasta los canales de televisión, los teléfonos móviles, por no hablar de la informática), las formas de transporte, el ocio, las formas de pago; cambian los sistemas de educación de nuestros hijos o los lenguajes.

Las cosas cambian y tal vez por eso resulta especialmente decisivo tener unas ideas claras de lo que queremos, y de lo que hay que hacer para conseguirlo.

El otro día asistía en la empresa a otro curso de formación. El ponente es un auténtico genio. No por las cosas que nos contaba, sino porque durante la primera parte del curso nos obligó a todos a pensar en cosas elementales para hacernos ver que dedicamos muy poco tiempo a pensar, tanto las cosas complicadas como las elementales. Que la mayoría de las veces actuamos por inercias, de un modo mecánico. En un momento determinado del curso nos dijo:

—No me contestéis, pero dedicar un momento a tratar de recordar hace cuanto tiempo habéis dedicado media hora a pensar en vosotros mismos, en lo que sois, en los que hacéis y porqué lo hacéis. En las cosas que hacéis bien y en las que hacéis mal, en vuestros proyectos.

Os sorprenderéis –seguía diciendo– al ver que ese rato sucedió hace mucho, muchísimo, tanto que es posible que no lo recordéis.

Ese parece uno de los males de nuestro tiempo: dedicamos mucho tiempo a actuar y poco a pensar y eso muchas veces resta eficacia. Es por eso que en muchas empresas se están desarrollando herramientas de análisis estratégico tendentes a conseguir que la gente piense en su trabajo y en su puesto, al menos una vez al año.

CAPÍTULO 2
ANTONIO VÁZQUEZ VEGA

Pues en la vida personal ocurre algo similar. Si uno no hace un esfuerzo específico por pensar en estas cosas, por tendencia natural no salen. A la meta, llega quien la tiene y quiere llegar. Serán momentos dispersos. Un viaje largo, una noche de insomnio, una tarde tranquila de verano. Será en la intimidad personal y en los pequeños márgenes donde iremos dándole vueltas a las cosas. Será en esos momentos en los que descubriremos que después de todo, el golf es bastante antifamiliar, que el horario que tenemos es el que nos hemos montado, pero no el mejor de los posibles, que desde hace meses dedicamos dos horas y media diarias a la televisión, y descubriremos que hablar es lo más importante de cualquier relación.

3ª Ser más y no tener más.

«It is nice to be important, but is more important to be nice»

En nuestro tiempo hay una auténtica obsesión por tener y no por ser. Queremos tener amigos, tener dinero, tener prestigio, tener una buena posición, tener cultura, tener satisfechas nuestras necesidades afectivas; queremos tener tiempo, tener coches, tener más vacaciones, tener hijos estudiosos..., hasta tener satisfechas nuestras pasiones sexuales.

Los mensajes están ahí. Constantes, raramente burdos... Recuerdo un anuncio publicitario de hace unos días en la televisión: el lema del anuncio que se repetía constantemente a lo largo del minuto que duraba era «te lo mereces, te lo mereces, te lo mereces»... como si fuera una sofronización inductiva que te llevará a salir a la calle y decir al mundo que te sorprende el que la gente no se pare a aplaudirte al verte pasar.

Vivimos en una sociedad que se ha acostumbrado a valorar a las personas por lo que tienen y no por lo que son, y eso nos mete en una rueda invariable de competitividad por querer tener cada día más.

Deseamos acumular el mayor número de cosas temiendo que pasen sin poderlas disfrutar. Queremos tener dinero, casas, coches, aunque resulte materialmente imposible poder usarlas.

Queremos tener conocimientos, papeles, libros... aunque materialmente no haya tiempo de leerlos.

Queremos tener tiempo, amigos, relaciones...

Nos parece como si la sociedad nos midiera por el número de cosas que tenemos y no por lo que somos.

CAPÍTULO 2
ANTONIO VÁZQUEZ VEGA

Pero lo cierto es que las cosas pasan. Pasa el dinero, los coches, los amigos y los conocimientos... y pasan a la misma velocidad con la que llegaron.

Las cosas pasan, y nosotros, nuestro ser concreto, permanece.

Ser en vez de tener. En el fondo lo reconocemos y nos gusta. Hablamos de que tenemos amigos, pero cuando alguien es de verdad nuestro amigo, no hablamos de tener un amigo, sino de que es mi amigo. Hablamos con envidia y admiración de la gente que es sencilla, sabia, elegante. Admiramos y valoramos a los discretos, a los íntegros, a las personas que son de una pieza y miramos con auténtica osadía a los que vemos pasar cerca despegados de las cosas que a nosotros nos ha supuesto tanto esfuerzo conseguir.

No se trata de tener hijos, sino de ser padre; no de ganar dinero, sino de ser un buen profesional; no de tener contenta a nuestra mujer, sino de hacerla feliz.

■ 4ª El victimismo personal.

Me decía un amigo, no sin cierto sentido del humor: «Pocas expropiaciones he visto tan radicales como la mía. Comenzó porque me quitaron el di-

nero. Ahora lo administra mi mujer que me da algo de bolsillo. Continuó por mi tiempo. Ahora los días no los organizo yo. Me los organizan en el trabajo los días de diario y en casa los festivos. Continuó por el espacio en el cuarto de baño donde yo tengo media baldosa y mi mujer seis y concluyó el día de ayer en que el mayor de mis hijos me cogió mi polo preferido para irse a jugar al tenis...

Lo comentaba un amigo un día de charla y sin duda no le faltaba gran parte de verdad, pero también es cierto que en muchas ocasiones muchos de nosotros decimos lo mismo pero no con humor y simpatía, sino malhumorados y convencidos de que ya está bien y que o damos un puñetazo en la mesa o se nos termina tomando por cualquier cosa.

Corremos el riesgo del victimismo personal, de creernos que somos las grandes víctimas de nuestro tiempo, que todo el mundo es mejor tratado y más respetado que nosotros.

Lo hemos venido diciendo hasta aquí. Hay presión. Estos son años en los que sentimos la presión por todas partes. Presión económica para llegar a todas las facturas, presión en casa con los pequeños donde todas las manos son pocas, presión social… y presión de tiempo, de un tiempo que parece que nos han ido quitando entre todos. Y el problema es creérnoslo.

Nuestra vida no es demasiado diferente a la de los demás. En todas partes «las cosas son duras» y como decía mi abuela: «Aquí, sin los santos óleos se van muchos, pero sin el zarandeo nadie». Es duro, cualquier proyecto que valga la pena exige esfuerzo. Es más, uno no era consciente de la capacidad de resistencia del cuerpo humano hasta que el tercero de nuestros hijos decidió no dormir por las noches y hacerlo de día.

Y además, es «tan bonito ser víctima». Se siente uno bien después de un día redondo. Tal vez cansado, machacado, sin fuerzas para casi nada, pero con una sensación de felicidad enorme.

Si queremos excusas y justificaciones, nos sobrarán motivos, y si queremos que nos compadezcan, sin duda lo conseguiremos. Ahora bien, también hay gente distinta. Sin duda la hay, y si no escucha:

Rendidos de verdad

Madre de seis hijos. Tiene un puesto de carne en el mercado tradicional. Un día hablaba con una amiga con sencillez.

—Mujer, ¿cómo van las cosas?
—Bien, van bien. Ya sabes que tengo un pequeño puesto en el mercado. Me levanto muy de mañana, a eso de las cinco para ir a comprar en la central. A la vuelta despierto a los mayores y preparo el desayuno. Luego despierto a los más pequeños para vestirlos y preparar sus cosas antes de que se vayan al colegio. Una vez situados los críos, me voy al puesto y como aún no ha llegado la gente saco un ratito para rezar.
—Vaya vida.
—Bueno sí, ya sabes que en el fondo nos quejamos de vicio y que yo no tengo más que motivos para darle gracias a Dios. Tienes razón y lo pienso muchas veces que debería hacer algo por los demás y no quejarme, que no tengo derecho.

Cuando escuché esta anécdota me quedé parado. ¿Es posible que exista gente tan maravillosa en el mundo y tan confundida?

No buena mujer, el esfuerzo y la preocupación por los demás, no se lleva. Se lo digo yo que veo todos los días a los ejecutivos de la City. Se lleva la sauna, el estrés, la cosmética masculina y las consultas al psiquiatra.

Y en las mujeres, se lleva lo «light», que no te has enterado. La mantequilla, la tostada o la coca

CAPÍTULO 2
ANTONIO VÁZQUEZ VEGA

cola tienen que ser «ligth». Ligth los vestidos, la bisutería o las clases de baile. Ligth tiene que ser el trabajo, las amigas y, por qué no, los niños, «niños ligth». Buena amiga, son ligth, hasta para dar un beso.

Ellos y ellas, como tú, llegan al final del día rendidos de verdad. Pero ellos no necesitan hacer un esfuerzo más por mejorar su preocupación por los demás.

■ 5ª El empobrecimiento intelectual.

Atascos en verso

Comentan los madrileños que el tráfico está cada vez más insoportable. Pero es que hablas con uno de Nueva York, Buenos Aires o Sao Paulo, y te cuentan lo mismo.

Los semáforos siempre tardan en abrirse, más aún si llevamos prisa. Las señoras no dan los intermitentes ni por equivocación, los taxis siempre frenan cuando menos te lo esperas y cuando un autobús decide meterse, tiembla.

El otro día llamé a una agencia de mensajeros. Cuando les pedí que vinieran a recoger un paquete me respondieron que tardarían algún tiempo. Por lo visto, dos de los motoristas habían tenido acci-

dentes, otro permanecía aún en el hospital y un cuarto se había fugado.

Lo cierto es que muchos día en cruzar una calle importante de cualquier capital supone más de tres cuartos de hora, y es que conducir en muchas ciudades de España se empieza a parecer al París-Dakar donde se requiere valor, paciencia y mucho tiempo.

Hace unos días fui con un amigo en su coche. De camino, quise poner el CD para escuchar algo de música, y cual no fue mi sorpresa cuando lo que escuché fue la propia voz de mi amigo recitando poesía:

«*Y ahora, aquí está frente a mí*
tantas luchas que ha costado
tantos afanes en vela
tantos bordes de fracaso...».

—*¿Y esto qué es? –pregunté asombrado.*

—*Poesía –respondió.*

—*Poesía –repetí cada vez más perplejo.*

—*Sí, poesía. Me gusta mucho. Paso muchas horas en el coche de un atasco a otro. Al principio me consumía gastar las horas muertas para avanzar unos metros. Probé a traerme papeles o libros, pero como nunca terminas de estar parado del todo (siempre hay algún impaciente que te pita en*

CAPÍTULO 2
ANTONIO VÁZQUEZ VEGA

cuanto te retrasas un poco), he decidido grabar las cosas que me gustan.

—Increíble –balbucí y seguí escuchando.

«*...Junto a este esplendor sereno*
ya son nada, se olvidaron...
Tiene 27 años, buen profesional al que recuerdo como uno de esos Quijotes de la carretera para quien...
...en esta luz del poema
todo
desde el más nocturno beso
al cenital esplendor
todo está mucho más claro».

Me ocurrió hace ya tiempo. Lo escribí y pensé que podía servir para hablar del último de los peligros de esta etapa en lo personal: el empobrecimiento intelectual.

Podría parecer paradójico que después de rellenar tantas páginas hablando del poco tiempo que nos dejan, de la importancia de no reservarse nada... ahora hablemos de no dejar que esta etapa nos podamos empobrecer intelectualmente.

Las cosas no son incompatibles. Curiosamente la gente que menos tiempo tiene es la que más saca para hacer cosas. Es cuestión de organizarse y sobre todo de querer hacerlo, como nuestro amigo de los atascos.

Las personas necesitamos abrir la mente, tener horizontes anchos, amplios, profundos. Si no, terminamos con mentalidad de «pueblo» y nos creemos que las cosas empiezan y terminan en nuestra calle. La amplitud de miras es lo que permite crecer, entender las cosas y sobre todo, comprender. Comprender a los demás.

Y eso no se consigue viendo televisión o hablando de fútbol o del servicio doméstico por muy buenas y saludables que sean estas cosas. Se consigue, fundamentalmente, leyendo. Un libro, otro. Un artículo de fondo, un ensayo. Tal vez al principio nos cueste un poco coger el ritmo, hace tanto tiempo que no leemos más que los informes de la oficina, pero rápido se le coge el gusto y en muchas ocasiones disfrutaremos tanto que no seremos capaces de dejarlo. Otras en cambio creeremos que no nos aporta nada, sin darnos cuenta que conforme va pasando el tiempo hemos ido consolidando una auténtica cultura, un fondo del que casi siempre solo salen cosas buenas.

Y la cultura, ese entramado vivo y silencioso, que engarza los sabios pasos de cada pueblo, de cada

CAPÍTULO 2
ANTONIO VÁZQUEZ VEGA

tiempo, dejará de reposar solo en las frías piedras de nuestros monumentos, a los que visitamos por última vez con el colegio.

La cultura la haremos las tardes de domingo y las noches de lunes. Será un rato de lectura, la escapada en una tarde gris o el aroma tenue de pasar la noche escuchando a la luz de un buen fuego.

No. La cultura no es patrimonio de todos aunque lo ponga en los tablones de anuncios. Es de quienes la siembran y la labran. La miman, la cuidan y la alimentan con esfuerzo. Es de quienes la pintan o la esculpen, de quienes la leen o la escuchan; es de quienes la hacen vida, vida para siempre.

■ 6ª **El contagio del ambiente.**

Ayer salimos a cenar con un grupo de amigos. Lo hacemos muchas veces y eso permite que al final las conversaciones sean de todo tipo. Hablábamos, sobre todo, del tono triste de algunas películas que habían resultado de gran taquilla en los últimos años: «Instinto básico», «Nueve semanas y media», «Acoso», «Tres bodas y un funeral», «Una proposición indecente».

De pronto, una de mis amigas comentó, refiriéndose a unos conocidos, que el otro día, «sin darse cuenta», se habían metido a ver una película llamada «Streptease» y que lo habían pasado muy mal porque el tono de la película no parecía muy recomendable.

Mi sorpresa fue cuando otro de los que estaba sentado a la mesa le cortó en seco y le dijo: «Mira. Una persona que va a ver una película que tiene ese título, va a lo que va, y que no me cuente que se metió por equivocación. Si tuviera otro título, entiendo que siempre puedes decir que no sabes a lo que ibas, pero llamándose "Streptease" está claro que lo que vas a ver es un "Streptease" y eso en mi pueblo consiste en que una señorita se desnude del modo más provocativo ante la mirada más o menos morbosa de los que la observan. O sea... que quien va a ver esas películas es porque lo que quiere es ver a una mujer desnuda, lo llame como lo llame y lo justifique como lo justifique».

Como podrás figurarte el resto de los comensales nos tronchamos de risa ante lo castizo del modo de expresarse de mi amigo, pero en el fondo y en la forma le dábamos todos la razón.

Fue entonces cuando de un modo u otro me fui dando cuenta de que todos los que estaban en la mesa habían visto las películas que unos minutos antes criticábamos: «Es que en realidad esa solo tiene

CAPÍTULO 2
ANTONIO VÁZQUEZ VEGA

una escena y esa otra tiene un mal mensaje pero hay que saber las cosas que pasan y ocurren en la vida».

No lo dudo y supongo que es fuerza que en la vida cada uno tiene libertad para hacer lo que quiera e ir a los sitios que le parezcan convenientes. Lo que resulta mucho más ridículo era precisamente lo que mi amigo ponía de manifiesto en su comentario –que encima nos hagamos trampa a nosotros mismos y por qué no decirlo, que seamos un poco hipócritas en nuestro modo de ser y de actuar–.

Si usted quiere ir a ver «Streptease», «Acoso», «Instinto básico» o cualquier otra película... pues vaya que está en su justo derecho, pero no quiera explicarnos a todos que los demás somos unos pervertidos y que usted no, porque se confundió al escogerla. No me lo creo, y usted tampoco.

■ 7ª El cuidado personal.

Comidas de diario

Hoy he estado comiendo en un vips. Para los que no saben lo que es, les diré que es una cafetería muy grande que se abre todos los días hasta las tres de la mañana y donde se pueden comprar también artículos de regalo.

Habitualmente por motivo de vivir lejos de casa, como todos los día fuera de ella. Suelo aprovechar para comer con algún amigo, compañeros del trabajo...

Hoy comía solo. Mientras esperaba pacientemente al camarero, me he dedicado a observar a dos chicas que comían en la mesa de al lado. Tenían pinta de trabajar por la zona y aprovechar las horas centrales del día para tomar algo. Y ese ¡algo! es lo que me ha dejado de piedra.

Ninguna de las dos era precisamente delgada, pero tampoco gorda. Diría más bien que tenían propensión a engordar. Y lo que me ha dejado impresionado es lo que se estaban comiendo.

De primer plato macarrones. Unos macarrones gordos, frondosos, con tomate y mucho queso. Después un guiso de carne, con mucho pan. Y para rematar la «faena» han pedido postre a base de algo, no sé muy bien el qué, con mucha nata. Había que ver las copas de postre. Solo verlas, me parecía prodigioso que alguien pudiera terminársela. Estaba asombrado. Soy persona de buen apetito y sería incapaz de tomarme en varias comidas lo que ellas se estaban ventilando en una.

No estoy, ni mucho menos, en contra de que la gente coma. Es más, me parece algo maravilloso y

CAPÍTULO 2
ANTONIO VÁZQUEZ VEGA

me paso el día tratando de insistir a mis amigas que dejen esa extraña moda de no comer de nada. Pero de ahí a esto.

Si en las comidas de trabajo a las que tengo que asistir hubiera visto a algún hombre o mujer comer así, me hubiera quedado pensando que esa persona tiene un problema o que es que desea aprovechar la ocasión de que pague la empresa.

Pensaba que, una de dos. O bien, esas señoras o señoritas no tenían marido ni ganas de tenerlo, o si lo tenían, es que este ya estaba convencido en cuyo caso, pues a vivir que son dos días.

Me pregunto si esas mujeres se han planteado alguna vez si van a estar gordas. Sí señoras, lo van a estar. Se lo digo yo.

El cuidado personal no es más que un reflejo de lo que llevamos dentro. La sabiduría popular lo que es, es sabia, y desde siempre ha dicho que «la cara es el espejo del alma». No se trata de un tema de belleza o silueta. Se trata de cuidarnos.

Es un tema de justicia, primero con nosotros mismos y luego con nuestra pareja. Estamos casados, y lo estamos para toda la vida pero esa no es garantía nada más de una cosa: que el matrimonio se conquista día a día.

PARA PENSAR
   PARA ACTUAR...

Para recordar...

- Este es un recorrido en el que lo iremos perdiendo todo.

- La madurez es un proceso que se compone de diversas crisis que debemos ir apuntalando para no caer en la infelicidad o en la infidelidad, las dos tumbas del proceso hacia la madurez.

Para pensar...

- Ser más y no tener más, aunque el mundo diga lo contrario.

- Para pensar no hay más remedio que dedicarle tiempo y esfuerzo como a cualquier otro trabajo.

- Este mundo nuestro necesita idealistas, con corbata y maletín, y una Dulcinea en el pensamiento.

Para leer...

Antonio Vázquez, *Matrimonio para un tiempo nuevo*. Col. Hacer Familia, nº 38. Ed. Palabra.

Para hablar...

- Hablar contigo no es más que pararse en este mundo nuestro que va demasiado deprisa.
- Hablar de cosas que importan aunque en el arranque nos de vergüenza del qué dirán.
- Hablar a solas con Dios que es quien realmente nos conoce y preguntarle. Lo está esperando.

Para actuar...

SITUACIÓN:
La de Ángel, como la de tantos no es más que la historia de un joven que lo tenía en apariencia todo. Buenas notas, posición, amigos, una familia maravillosa, un trabajo

que estaba estrenando y una novia que le adoraba. Lleva solo unos meses casado y su mujer le ha dicho que están esperando el primer hijo. El trabajo es duro, aún no han podido comprar la casa (viven alquilados) y el dinero llega justo. Las jornadas laborales son interminables y su mujer se queja de estar sola. Las cosas parece que vienen encima de repente. Ha cambiado de golpe el escenario. Siente miedo. No quiere hablar con Irene, su mujer, por miedo a que le vea débil, pero la vida le da vértigo. Piensa que su situación es única y cada día está más preocupado.

OBJETIVO:
Reorientar la vida.

MEDIOS:
Pensar, poner la cosas en su sitio.

Hablar con tu mujer, eso reforzará la situación.

Hablar con padres y matrimonios con algunos años más de experiencia: eso disipará muchos fantasmas.

MOTIVACIÓN:
Bienvenido al club de padre de familia: si te consuela te diré que por ahí hemos pasado todos pero que al final hay meta y se llega.

Ya lo decía mi abuela: «Sin los santos óleos se marcha mucha gente, pero sin el zarandeo nadie».

Tranquilo, Dios nos está esperando «entre los pucheros» y sonríe de esquina a esquina cada vez que nos ve que no podemos más. El resto corre de su cuenta.

HISTORIA:
Ahora tiene 4 hijos y sigue con las mismas presiones que entonces. Ahora se ha tranquilizado. Se ha dado cuenta de que los problemas materiales se resuelven todos. Lo que no tiene arreglo es no darse cuenta de las cosas a tiempo y esa es una lección que ha aprendido sin dudarlo.

Pero sobre todo es un hombre feliz y duerme ocho horas de un tirón.

PARTE SEGUNDA "B"

*Mucho no sirve,
tiene que ser todo.*

ACERSE AL OTRO

Un descubrimiento enriquecedor

En un solo mes
Me lo contaba un amigo:
—En un mes, en un solo mes.
Ahora han pasado casi treinta y cinco años. Siete hijos, cerca de veinte nietos, y un montón de vivencias. Han sido ejemplo para cientos de matrimonios y parejas. Han dado consejos y contado experiencias de su andadura; el testimonio, ancho y grande, de lo que son capaces de hacer un hombre y una mujer cuando se quieren.
Son ellos los que, con su ejemplo y esfuerzo, hacen que la familia sea algo en lo que vale la pena

CAPÍTULO 3
ANTONIO VÁZQUEZ VEGA

creer, luchar y confiar... Son ellos los que demuestran día a día que las cosas están esperando un nuevo modo de ser vividas... Son ellos los que con su vida están sabiendo educar a los hombres y mujeres del siglo XXI.

Ahora, desde esa cabecera donde la vida les ha situado, les gusta recordar y callar. Hay tantas cosas del pasado que solo se pueden evocar... Lo han luchado cada día, cada minuto, cada instante. Como si la vida se hubiera empeñado en no dejarles ni un segundo sin esa lucha. Y la cabeza agolpa, sin orden, los mil momentos de una vida sin descanso.

El rumor de la casa es ajetreado. Siempre hay alguien. Hijos, nietos, sobrinos... es como si todo el mundo se sintiera a gusto allí. Apenas hay algún día en que no se pasen unos amigos o simplemente unos viejos conocidos a verlos. En realidad no vienen nunca a nada, pero al final terminan contando su caso, sus penas y sus desvelos.

—No, si no queríamos más que saludaros. Pasábamos cerca y... en realidad, había un tema que nos gustaría contaros.

Y la charla se hace larga y densa. Al final, la despedida es siempre agradecida.

UN DESCUBRIMIENTO ENRIQUECEDOR

—*De verdad, qué buen rato hemos pasado. Se está tan bien aquí. Nos vamos muy animados porque este tema nos tenía... nos dais envidia, se os ve una familia tan unida. ¡Qué suerte tenéis y qué gracias tenéis que dar a Dios por ser así!*

Y es verdad. Vuestra casa se ha convertido en centro de atracción para todos. Grandes, mayores, chicos y pequeños. A todos les gusta estar allí. No es algo nuevo, ocurre desde hace más de 30 años.

Al final de cada día, cuando el bullicio se para, y cada uno se va marchando, os quedan unos momentos para estar solos. De siempre sabéis que son los mejores, tal vez porque se entiende entonces lo importante que es algo tan sencillo como estar.

La vida va declinando la fuerza en vosotros. No os falta ilusión ni encanto mientras, inevitablemente, es ley de vida, los pasos se hacen más cortos y los movimientos más lentos. Y la vida, la de siempre, queda en vuestra mirada, testigo fiel de una voz siempre enamorada.

—*Hay vidas, como ves* –seguía diciendo mi amigo, hombre de edad y experiencia– *que valen un imperio. ¿Te gusta la historia?* –me preguntaba sonriendo–. *Pues déjame que te cuente lo mejor de ella.*

CAPÍTULO 3
ANTONIO VÁZQUEZ VEGA

Hace muchos años, en concreto treinta y cinco, vino a verme el protagonista de este relato. Hacía menos de un mes que se había casado. Charlamos del trabajo, de cómo estaban acondicionando la casa, de lo bonito que había resultado la boda... estaba sereno, pero sin entusiasmos. Le conocía desde hace tiempo y sabía que algo le tenía preocupado. De pronto, se quedó callado unos segundos y como quien lo ha pensado mucho antes de decirlo, comentó:

—Me he confundido.

—¿Cómo dices? –preguntó mi amigo, como creyendo no entender.

—Sí. Que me he confundido con mi mujer. En menos de un mes me he dado cuenta de que no he elegido bien, y que ella no es la mujer con la que me tenía que haber casado. Ya sé lo que vas a decir. Es buena, amable, guapa... pero somos dos personas totalmente distintas en todo. Nos hemos equivocado. No me preguntes por qué no me he dado cuenta antes, porque no lo sé. Creo que entonces lo intuía, pero ahora cuando no han transcurrido ni treinta días como marido y mujer, me doy cuenta de que en la decisión más importante de mi vida me he equivocado de esquina a esquina.

UN DESCUBRIMIENTO ENRIQUECEDOR

He sentido miedo de empezar este capítulo de aproximación al otro con una historia que parece que terminal mal. Resulta que para hablar del matrimonio, para hablar del otro, comenzamos por contar la historia de una equivocación.

Me lo han contado esta semana y desde entonces no hago más que darle vueltas. No termina mal. ¡Termina fenomenal y me parece el mejor de los principios! ¿Es posible que exista gente tan maravillosa que convierta lo que parece un error en una locura de amor?

Yo no hubiera dado dos duros por esta historia y menos si solo me hubieran contado la segunda parte, la que ocurrió hace treinta años. Es más, si no fuera porque tengo principios, lo que me vendría a la mente es decir que aquello debería deshacerse, que no valdría la pena lucharlo... que era mucho mejor aconsejarles la nulidad, la separación o el divorcio... y sin embargo, ellos han escrito una de las más bellas páginas de amor.

Dice Gustave Thibón que «nada hay más razonable que un matrimonio de razón, ni nada tan egoísta que un matrimonio de pasión». No lo sé, pero hoy entiendo mejor que nunca, que el matrimonio, como cualquier escuela de la vida, es un camino donde hay que dar siempre, si alguna vez quieres recibir.

¡No se han equivocado! Nos equivocamos cuando nos negamos a seguir. El amor es algo grande, y por eso reclama lo mejor de uno. Hay que lucharlo con la cabeza, con las manos, con los pies, con los dientes, si es preciso, pero lucharlo.

> *No existe ningún amor que no pida como precio la vida.*

Aproximación al tema

Para siempre.

Pero comencemos. Hablar de matrimonio en su primera edad es hablar fundamentalmente de dos personas que se quieren tanto que han tomado el firme compromiso de unirse *para siempre, para siempre, para siempre*.

A los hombres, por naturaleza, nos da vértigo hablar de las cosas para siempre, por grandiosas que nos parezcan, y es que, en el fondo, queremos mucho a nuestra vida, tal vez demasiado. Es la que tenemos, la única que tenemos, y sentimos tanto temor a equivocarnos. Es verdad que la mayoría de nuestras decisiones son para siempre. Nuestro oficio, nuestro nombre, la ciudad en la que vivimos son para siempre, pero nos queda la tranquilidad de que si quisiéramos podríamos cambiarlos. De sobra sabemos que no lo haremos y que parte de nuestra felicidad reposa precisamente en eso, en tantas cosas que sabemos que son para siempre.

El matrimonio es para siempre. ¿Podía ser de otro modo? ¿Podría acaso una mujer o un hombre llegar a hacer los compromisos de entrega total que hace, si no tuviera la completa seguridad de que son para siempre? ¿Podríamos de verdad creer en un amor al que «adoramos», por el que haríamos danzar a la Luna y al Sol, si no fuera de verdad para siempre? No, claro que no. Creemos en los compromisos y en las palabras de los hombres y mujeres que las dan para siempre.

Hablar de matrimonio es hablar de dos personas...

Por obvio que parezca tenemos que detenernos necesariamente en reflexionar un momento sobre

CAPÍTULO 3
ANTONIO VÁZQUEZ VEGA

esta cuestión: nos casamos con otra persona, completamente distinta a como somos nosotros, y a la que posiblemente amamos más que a nosotros mismos; y que en todo caso, tiene toda la grandeza y toda la riqueza de un ser humano. Unimos nuestra vida a otra vida distinta. No se entiende, entonces, esos comportamientos, que a veces surgen en muchas personas, que parecen tratar peor a su mujer o a su marido que a uno de sus empleados, a un amigo o al gato. Ganar en confianza y en mejor conocimiento de alguien, no puede llevarnos a dar un trato que no daríamos siguiendo las mínimas reglas de la educación.

Nos unimos a otra persona, sin duda, pero esa unión nos debe llevar a respetar el preciso modo de ser del otro, y amarle tal cual es, respetando su libertad y su propio proyecto de vida personal. Querer al otro es quererle tal como es, sin tratar de hacerle a nuestra imagen y semejanza. Es fácil, especialmente al principio de nuestra relación matrimonial, que queramos que la otra persona sea tal y como la hemos imaginado. Queremos que se comporte, que haga las cosas, que piense y reaccione como pensamos nosotros que debe hacerlo, sin darnos cuenta de que cada uno tiene su modo personal de actuar y reaccionar. Estamos convencidos de que tenemos unas ideas correctas y unos modos de pensar apropiados y es posible, incluso, que esos modos de pensar sean correctos; pero aun en esos casos, el respeto por el modo de ser del otro, y sobre todo la libertad de nuestra pareja, valen todos los modos de pensar del mundo, e incluso valen una equivocación.

Lo notaremos en las cosas más materiales y en las más transcendentales. Nuestra pareja compra una marca distinta de mayonesa y hace los macarrones de manera distinta a como los hemos tomado siempre. A ti te gusta dormir con la persiana bajada, y no puedes comprender que a él le guste hacerlo con la persiana abierta. A ti te gusta la montaña y a ella la playa, a ella leer por la noche y a ti ver la televisión. Hasta vamos empatados. El problema es cuando esas cosas pasan a mayores y lo que estáis discutiendo son temas de más calado. Te crujen las estructuras porque no entiendes por qué ese tema lo tiene que hablar con su madre y no contigo, y menos que quiera dedicar esas horas clave de la tarde a sus hijos en vez de coger unas clases en una escuela de negocio que le han ofrecido y cuyo dinero te venía fenomenal.

CAPÍTULO 3
ANTONIO VÁZQUEZ VEGA

Hay muchos temas, muchísimos, donde las cosas se ven de modo diferente. En tratar de llegar a una idea común estriba el éxito de nuestro matrimonio y gran parte de nuestra felicidad, pero en todo caso, siempre, por mucho que cueste, tendremos que aprender que la felicidad y el respeto por la libertad del otro lo valen todo, y es que, si Dios mismo respeta nuestra libertad, qué hombre o mujer podrá atropellarla.

Pero sigamos. Nos casamos con otra persona: hombre, mujer. Y ahí surge lo emocionante, pues por mucho que imaginemos que nos parecemos mucho, lo cierto es que es mucho más en lo que no nos parecemos que en lo que sí nos parecemos. Y si no lo crees, observa:

MUJER	**HOMBRE**
GENÉTICAMENTE	
• Cromosomas XX.	Cromosomas XY.
• Menos enfermedades hereditarias.	• Más débiles genéticamente: el 70% de los nacidos con defectos congénitos son hombre.

UN DESCUBRIMIENTO ENRIQUECEDOR

FISIOLÓGICAMENTE

• Más condicionada por su cuerpo, más inmersa en su corporeidad. Se da una unidad con el cuerpo mucho más fuerte, una vivencia del estar dentro del propio cuerpo, y en consecuencia, una elegancia mucho mayor.	• Más ajeno a su cuerpo. Movimientos más bruscos y menos armónicos.
• Rasgos genitales: ovarios, trompas, útero, vagina, vulva y mamas más desarrolladas.	• Testículos, epidídimio, conductor deferente, próstata, pene, escroto, mamas rudimentarias.
• Desarrollo pelviano predominante sobre la cintura escapular como predisposición hacia la maternidad.	• Predominio del desarrollo de la cintura escapular sobre la pelvis.
• Sistema locomotor menos enérgico.	• Sistema locomotor enérgico.
• Mayor desarrollo y distribución especial de la grasa subcutánea (principalmente acumulada en la mitad inferior del cuerpo).	• Tejido adiposo y menos desarrollado y distribuido de modo atípico (principalmente en la mitad superior del cuerpo).

CAPÍTULO 3
ANTONIO VÁZQUEZ VEGA

	• Desarrollo superior torácico como predisposición al esfuerzo.
• 2.750 gramos al nacer.	• 3.250 gramos al nacer.
• X de altura.	• 7% más altos.
• Crecen hasta los 15 años.	• Crecen hasta los 25 años.
• Crecimiento del pecho y ensanchan las caderas.	• Ensanchan los hombros y aparece el vello facial.
• Tienen el pelo más grueso y resistente y penetra dos milímetros más en el cuero cabelludo.	• Mayor tendencia a la calvicie. La testosterona masculina produce más glándulas sebáceas que provocan la caída del cabello.
• Fatigabilidad vertebral mayor debido a una espalda menos rectilínea y a la caída más acentuada de los hombros.	• Sistema óseo más resistente. Sus manos miden una media de 2 cm más.
• Fuerza: 570 sobre 1.000.	• Fuerza: 1.000 sobre 1.000.
• Viven más.	• Viven menos.
• Voz más aguda.	• Voz más grave.
• 23% de su peso es fibra.	• 40% de su peso es fibra.

78

• Músculos: un 30% más débiles.	• Mayor masa muscular y más fuerte.
• Menos frioleras.	• Aguantar peor el frío.
• Mejores nadadoras.	• Menor facilidad para la natación.
	• Temperatura corporal ligeramente superior.
• Necesitan comer menos para la misma actividad: queman 2.000 calorías.	• Queman 2.700 calorías.
• Corazón: 260 gramos. 80 p.p.m.	• Corazón: 310 gramos. 72 p.p.m.
• Ritmo respiratorio más rápido.	• 20% más de glóbulos rojos.
• Piel más delgada y receptiva al tacto.	• Más glándulas sudoríparas y sebáceas (olor más intenso).
• Mayor coordinación.	• Mayor energía muscular.
• Coordinación visimotora fina.	• Tareas que exigen movimientos amplios.
• Destreza manual y digital.	• Mayor resistencia física.

CAPÍTULO 3
ANTONIO VÁZQUEZ VEGA

• Soporta mejor la enfermedad, la falta de sueño y las privaciones, así como el dolor.	
• Genera un óvulo al mes.	• Produce millones de espermatozoides en cada acción.
• Deja de ser fértil a los 50 años: numerosas alteraciones fisiológicas.	• Lento declinar físico que permite que se mantenga la fertilidad casi toda la vida.
• Metabolismo anabólico: tiende a la reserva.	• Metabolismo catabólico: transformación rápida, gasto desperdicioso de materiales nutritivos.

NEUROLÓGICAMENTE

• El cuerpo calloso que conecta ambos hemisferios es más grueso por lo que conecta mayor número de fibras entre un hemisferio y otro. Tiene así una visión más global de las cosas y menos especializada.	• Cerebro 14% más pesado y voluminoso. Está más especializado y sus hemisferios menos comunicados entre sí. Al hombre le cuesta más expresar sus sentimientos: sus emociones están en el hemisferio derecho del cerebro, mientras que la capacidad verbal de expresarlos está en el izquierdo.

	• Utilizan más el hemisferio derecho donde se dan las tareas logísticas (contemplación, síntesis), las tareas espaciales o integrales, lo que le dota de mayor facilidad para el razonamiento espacial o matemático.
• Más memoria visual.	• Más inteligencia espacial (capacidad de imaginar cosas acertadamente, su forma, su posición, su geografía y su proporción, habilidades cruciales para la capacidad práctica de trabajar con objetos tridimensionales o con dibujos).
• Reflejos más intensos en las manos y en los pies.	• Coordinación superior entre mano y ojo que se requiere para los deportes de pelota. Pueden imaginar con más facilidad, modificar y hacer girar mentalmente un objeto. Mejores jugadores de ajedrez.
• Reaccionan más rápida y agudamente al dolor si bien su resistencia global al malestar a largo plazo es mayor.	

CAPÍTULO 3
ANTONIO VÁZQUEZ VEGA

SENTIDOS

• Oyen mejor y tienen mayor sensibilidad para el oído. Seis veces más chicas que chicos entonan bien al cantar. Oyen sonidos más débiles.	
• Mejor ángulo de visión (tienen más bastoncillos y conos receptores en la retina) y ven mejor en la oscuridad. Son más sensibles al extremo rojo del espectro y ven más tonos rojos en él.	• Más agudeza visual y mayor sensibilidad y capacidad de observar diferencias en la luz. Mejor sentido de la profundidad y la perspectiva.
• Más olfato y gusto: detectan mejor los sabores dulces y amargos.	• Detectan mejor los sabores salados.
• Prefieren el color azul.	• Prefieren el color rojo.

SALUD

• 100	• nacimientos	• 130/150
• 100	• 20 años	• 98
• 100	• 65 años	• 68

• Más enfermedades leves (pasan el 40% más de tiempo enfermas).	• Más enfermedades graves e infecciosas.
• Menos problemas cardiovasculares.	• Más problemas cardiovasculares en cualquier momento de la vida.
• Esperanza de vida: 78,6.	• Esperanza de vida: 72,5.
• Más propensas a los trastornos de vesícula biliar, infecciones urinarias y colibacilares, y a las jaquecas.	• Mayor predisposición a las úlceras gástricas, la angina de pecho, la gota o la diabetes artrítica.
• Les cuesta más mantenerse en el peso deseado.	
• Más depresiones, crisis de angustia y más intentos de suicidio.	• En los niños: 4 veces más predisposición al autismo y dos veces más a la depresión. En los adultos: 3 veces más psicópatas y más suicidios de hecho.
	• Les afecta más el estrés: producen 15 o 20% más de testosterona.
	• El 80 % de los drogadictos son hombres.

APRENDIZAJE

• Dominan mejor el lenguaje verbal: el 99% entienden a una niña de tres años.	• No se entiende hasta los cuatro años.
• Sobresalen en los test verbales, en los de memoria, en la reproducción de figuras geométricas, en la recepción de detalles y en la destreza.	• Superiores en los test matemáticos, en las cuestiones espaciales y mecánicas: por cada niña excepcional en este sentido existen 13 niños que lo son.
• Más facilidad para aprender un idioma.	• Más habilidades espaciales y perspectivas con líneas y ángulos.
• Más interés por los rostros humanos (probado en bebés desde los cuatro días).	• Mayor interés por las cosas.
	• Más exploradores e inquietos: el 95% de los hiperactivos.
• Leen mejor y son mejores a la hora de afrontar el desarrollo del lenguaje, como sería la gramática, la puntuación y la ortografía.	• El tartamudeo y otras dificultades del habla son defectos casi exclusivos del hombre.

• Pueden almacenar, al menos durante periodos cortos, más información irrelevante y fortuita.	• Almacenan información cuando se organiza de modo coherente o posee una relevancia especial para ellos.

EDUCACIÓN

• Entienden mejor las razones.	• Entienden mejor los castigos.
• Madurez intelectual más precoz.	• Madurez intelectual más lenta.
	• Más dislexias.
	• Peores notas y más trastornos en el lenguaje.
• El 80% consigue el graduado escolar.	• El 74% consigue el graduado escolar.
• Más inclinadas por los estudios de letras: Magisterio y Psicología.	• Más inclinados por los estudios de ciencias: Informática, Ingeniería Técnica y Físicas.
• Educadas para la maternidad asumiendo papeles pasivos y dependientes.	• Educados para la fortaleza: se le encomiendan papeles de aventurero y dominador.

CAPÍTULO 3
ANTONIO VÁZQUEZ VEGA

• La publicidad la presenta siempre agobiada con las mil cargas del día.	• Le sugiere cosas con las que soñar.
• Estilo literario preferido para expresarse: epistolar.	• Estilo literario preferido para expresarse: el ensayo

PSICOLÓGICAMENTE

• Interés social: mayor predisposición por lo individual. Tiende a aportar individualidad a las cosas.	• Tiende a masificar más y a extraer reglas generales para el grupo.
• Solidaridad.	• Independencia. Individualismo.
• Cooperación.	• Poder.
• Mayor capacidad de adaptarse al entorno: convive con las cosas adaptándose a ellas. El mundo es lugar de vida y convivencia. Deseo de agradar.	• La vida es antagonismo: está enfrentado con las cosas, buscando permanentemente el modo de cambiarlas.
• El 90% de ellas se quejan de que los hombres no hablan de sus planes, sentimientos o miedos.	• Tiene un sentido trascendente y filosófico de la vida.

• Más sensibles y emocionales y más expresivas en sus emociones.	• Más agresivo, soberbio y rudo.
• Instinto de maternidad y cuidado directo de la prole.	• Instinto de actuación social (defensa y auge del hogar).
• Mayor sensibilidad a los estímulos afectivos y menor disposición para la labor abstracta y creadora.	• Menor sensibilidad a los estímulos afectivos y mayor capacidad para la labor abstracta y creadora.
• Problemas en la comunicación con el hombre: habla un metalenguaje distinto.	• Problemas en la comunicación con la mujer: habla metalenguajes distintos.
	• Más agresivo en términos globales: mayor propensión a asesinar y robar.
• Orientación hacia las personas.	• Orientación hacia las cosas.
• Observación.	• Abstracción.
• Ingenio.	• Exactitud.
• La orientación de su vida al éxito es más irrelevante en cuanto al éxito en sí mismo. Menos deseos de	• Su orientación al éxito es capital y orienta toda su actuación.

CAPÍTULO 3
ANTONIO VÁZQUEZ VEGA

perfeccionarse por el hecho de perfeccionarse.	
• Proceso intelectual más concreto y práctico.	• Proceso intelectual más lógico.
• Mayor capacidad de relacionar y atender a temas diferentes.	• Concentrados en los temas. Estructura mental tendente a compartimentar (separación de unos temas y otros). Mayor capacidad de concentración.
• Más intimista (mundo interior). Está más abocada a la intimidad y al diálogo. Los valores que la presiden son el amor y la amistad.	
• Mayor sentido de la realidad. Entiende mejor lo concreto, lo inmediato, lo real. Prioridad de lo práctico sobre lo teórico. De hecho se adapta a la vida política e ideológica creada por los hombres, sin terminar nunca de estar convencida de la necesidad de tantas palabras. Se acomoda, más que crea	• Vive mejor en el mundo de las ideas. Siempre está inquieto por la realidad de su ser, cuestionándose a sí mismo y a la realidad que tiene a su alrededor buscando la manera de mejorarla.

las normas, las reglas o los principios.	
• Su sentido práctico le hace controlar mejor sus pasiones pues es capaz de darse cuenta de sus consecuencias.	• Funciona más por principios de acción y reacción lo que le hace controlar peor su propio ser.
• Menos entusiasta en el diseño y elucubración de principios, pero más comprometida una vez que los asume y más perseverante en su realización. Es más audaz.	• Prefiere todo razonado. Es más deductivo. «Ve las cosas claras solo cuando las comprende» e intenta encontrar la razón de todas las cosas.
• Más intuitiva, lo que en ocasiones le puede conferir esa imagen más irracional y caprichosa. Le importa menos las razones y más los hechos. Este modo de proceder le hace más rápida y desconfiada, y en momentos más severa en los juicios.	
• Triangula mejor las situaciones: sabe buscar los caminos más idóneos para conseguir las cosas sin enfrentamientos aun-	• Va más por la línea recta. Le gusta más el blanco y el negro sin entender que existen los grises lo que hace que

que para eso tenga que dar una vuelta más larga. (Cuando se rinde es porque ha vencido).	no se complique tanto la vida.
• Mayor sensibilidad y expresividad en sus sentimientos que comporta una capacidad peculiar para conocer a las personas y comprenderlas para acogerlas como son, quererlas por sí mismas y advertir lo que necesitan. De ahí que las mujeres sean buenas educadoras.	
• Más comunicativa, especialmente con otras mujeres (le cuesta menos preguntar una calle). La mujer es un ser social por encima de todo.	• Es un ser individualista.
• La mujer guarda mejor un secreto propio que uno ajeno.	• El hombre guarda mejor uno ajeno que uno propio.
• Más conservadora: lo femenino es mucho más profundo e inmóvil que lo masculino. Aunque pueda dar la sensación	• El hombre está presidido por una visión filosófica de la vida que puede cambiar con lo que cambiarán sus principios y

de ligereza y locuacidad, lo es en lo accidental, siendo reservada en lo profundo de su ser (más cambiante en lo superficial e íntegra en lo profundo). (La mujer sigue más la moda que el hombre). Es por eso que cuando una mujer se degrada (es más difícil que ocurra que en el hombre) lo hace mucho más radical y profundamente.	actuaciones en ocasiones casi de modo contradictorio, para volver al final a los grandes principios orientadores.
• Mayor voluntad. Es más espontánea y posee una voluntad más natural, que nunca es confrontación, sino que rodea con inteligencia y descarga en el momento oportuno.	• El mayor enemigo de la voluntad es el análisis crítico, las vacilaciones intelectuales y distingos.
• Mayor resistencia y paciencia. Soporta el dolor con mayor facilidad.	• Más activista. Soporta el dolor solo cuando encuentra una finalidad.
• Cierta inestabilidad emocional: busca protección y seguridad.	• Dominador.
• El defecto por excelencia es la envidia. De hecho la	• El defecto dominante es el orgullo. Se toma las

CAPÍTULO 3
ANTONIO VÁZQUEZ VEGA

mujer defiende a las mujeres en términos globales y ataca a la mujer en particular.	cosas siempre como afrenta personal.
• Su mayor virtud es la generosidad.	• Su mayor virtud es la nobleza.
• Se pregunta el cómo y el cuándo.	• Se pregunta el porqué.
• Se conmueve.	• Se emociona. «Una música genial arranca fuego en un hombre y lágrimas en una mujer».
• En ella se integran de modo natural la razón, la voluntad y el sentimiento. Es más unitaria. Tiene su vida entrelazada formando una existencia única.	• Tiene la capacidad de separar las experiencias corporales de lo psíquico y lo espiritual. Su corazón está dividido en compartimentos estancos.

TRABAJO

• Trabajan solo el 33%.	• Trabajan el 66%.
• Retribución 20% inferior.	
• Puestos directivos: del 3 al 9%.	• Puestos directivos: en torno al 90%.

• Absentismo laboral: por atención a la familia.	• Absentismo laboral: por gestiones administrativas o bancarias.
• Dedica 5 veces más de su tiempo a las tareas domesticas.	• Siempre tiene más tiempo libre.
• Sensibilidad a los comentarios.	
• Más pasivas.	• Toman la iniciativa.
• El trabajo es un polo de atracción personal.	• El trabajo es el centro de su interés intelectual.
• Les afecta mucho la motivación.	• Les dirige la realización de un proyecto.
• Soportan mejor las tareas monótonas, pero requieren que se les individualice el trabajo.	
• Las mujeres que trabajan aparecen como menos nerviosas y agotadas que las que no trabajan.	
• Más facilidad para atender a un cliente pues captan todos los detalles y matices que influ-	

CAPÍTULO 3
ANTONIO VÁZQUEZ VEGA

yen en una relación humana.	
• Les falla la perseverancia, la confianza en sus posibilidades y la planificación de carreras.	
• La mujer seduce y desarma.	• Lucha.
• Siente apego por su jefe.	• Siente apego por su trabajo.
• Busca simpatía.	• Busca entender las razones de su actividad.
• Le gusta que la comprendan.	• Quiere que le convenzan.
• Es sensible a las amabilidades.	• Se interesa por su promoción.
• Necesita cambiar impresiones.	• Soporta la soledad.
• No separa su trabajo de la vida personal.	• Separa trabajo y vida personal.
• Pierde los nervios con facilidad y no le gusta que le digan que está equivocada.	• Le gusta que le halaguen en el trabajo y se pida su opinión.

SEXO

• Atracción hacia el hombre.	• Atracción hacia la mujer.
• Orgasmo sexual lento y no preciso para la fecundación.	• Orgasmo sexual rápido y preciso para la fecundación.
• Actitud concepcional: Menstruación (ovulación), embarazo, parto, lactancia.	• Actitud fecundante.
• El aparato reproductor alcanza una masa considerable y es totalmente interno.	• El aparato reproductor es proporcionalmente de poca magnitud y en su casi totalidad externo, y como añadido a la arquitectura general del individuo.
• Función sexual con grandes consecuencias.	• Función sexual sin consecuencias.
	• Hipotálamo (determina el comportamiento sexual) es el doble de tamaño.
• Prefieren hombres mayores.	• Prefieren mujeres jóvenes.

CAPÍTULO 3
ANTONIO VÁZQUEZ VEGA

• Valoran la ambición y la perspectiva financiera.	• Valoran el físico y la castidad.
• El sexo lo entienden solo ligado al cariño.	• Pueden separar el sexo del cariño.

Como verás es cierto que son muchas las cosas en las que somos distintos. En realidad, radicalmente distintos, y parte de la maravilla que supone el matrimonio la representa esa diversidad y el maravilloso juego que supone, que por muchos años que pasemos juntos, nos seguiremos sorprendiendo. Un viejo y querido amigo, dedicó el primero de sus libros a su mujer con una breve dedicatoria que decía: «A mi mujer, ese adorable misterio». Es cierto, hombres y mujeres pasamos la vida tratando de entendernos. Y mientras, la vida, en su rutina, nos sigue sorprendiendo con mil historias nuevas. En el fondo, es bueno que sea así, pues la diversidad hará que las cosas nos parezcan siempre nuevas. Nos sorprenderá nuestra mujer con su increíble capacidad de comunicación y su resistencia para llegar a casi todo. Nos sorprenderá nuestro marido, que detrás de su fachada de hombre duro, esconde una ternura que jamás podías haber imaginado. Nos sorprenderá ella con su palabra acertada y su coraje en los momentos difíciles; nos sorprenderá él con sus proyectos y sus ideales siempre nuevos. Ella por su cabeza, su ingenio, su saber estar. Él por su seguridad, por su esfuerzo, por su sentido de rectitud.

Los defectos del otro...

Nos sorprenderemos. De eso no cabe la menor duda, y es que la riqueza del ser humano es inabarcable. Pero también es cierto que un día, quizá muy pronto, nos sorprenderemos al ver que él, ella, tienen también errores y defectos. Siempre te habías negado a pensarlo. De hecho, las veces en que se te había pasado por la imaginación, ante un hecho concreto, que eso pudiera suponer un defecto en el otro, habías terminado por pensar que no es así, y otras has preferido apartar ese pensamiento. Pero están ahí. Son reales y chocan contra esa imagen maravillosa que tenías de él, de ella. Es cierto que en algunas broncas habéis dicho cosas fuertes:

—Pues tú eres...

—Anda que tú...

—Porque te diré que desde que te conozco no has hecho más que empeorar en esto y en esto otro...

CAPÍTULO 3
ANTONIO VÁZQUEZ VEGA

—Pues tú...

De sobra sabéis los dos que las cosas que se dicen así, se dicen porque sabemos que no son ciertas. En esos momentos precisos lo único que pretende uno es herir, hacer daño, diciendo lo que sea; pero en el fondo de nuestro modo de pensar, estamos convencidos de que no es cierto, y cuando lleguen las paces, os pediréis perdón.

No, no nos referimos a esos momentos. Hablamos de esos otros en que descubres que hay cosas que objetivamente son ciertas. Las has pensado de una manera discreta, callada y lo último que se te ha pasado por la imaginación es comentarlo con el otro. Tal vez en una reunión de amigos donde le viste decir varias tonterías de más. Tal vez esa última copa, que nunca es la última; tal vez ese modo tajante de decir y de hacer que ha terminado por hacerse una costumbre, o su falta de seriedad para los compromisos que tú consideras importantes. Le cuesta. Hay cosas que claramente le cuestan mucho. Tal vez has llegado al convencimiento de que nunca será brillante profesionalmente y otras has pensado que es incapaz de poner un poco de orden en tu casa.

Son cosas concretas y están ahí diciéndonos que somos todos de carne y hueso. Cierto y esa es la gran andadura de la vida. Sabemos que son cosas que no cambiarán de un día para otro, que llevan tiempo y mucho esfuerzo. Costarán muchas conversaciones, algún que otro disgusto y la alegría de que las personas es difícil que cambiemos, pero sí que mejoremos. Qué imagen tan estupenda nos dan esas personas a las que vemos luchar y qué poco nos importan los resultados cuando de verdad vemos que lo han dado todo. Eso es lo único que al final importa. Darlo todo, porque si no no vale.

... que se aman tanto

Pero sigamos: Dos personas que se aman tanto...

Nos queremos. De eso estamos seguros. Es verdad que aún tenemos fresca la pasión que desplegábamos durante nuestro noviazgo, y esa extraña nube en la que parece que se vive entonces. Aún perduran y aún perviven. Son momentos de pasión. Venimos del noviazgo, cansados de tanta cafetería de domingo, de paseos por el mismo sitio, de tardes de vídeo, de llamadas de teléfono inter-

CAPÍTULO 3
ANTONIO VÁZQUEZ VEGA

minable y de contenernos. Nos casamos, y nos casamos apasionados, donde lo físico nos influye mucho. Es lógico, y lo normal es que los primeros momentos nos parezcan un sueño. Hemos soñado tanto con este día, que todos los momentos nos parecen pocos. Vivimos, los vivimos todos, una nube de felicidad y de sueño. Todo eso es normal. Lo que puede ser preocupante es que esos primeros momentos de pasión den luego paso a un bajón en la pareja. Parece como si del sueño pasáramos a la realidad más radical y gris, y eso, no es bueno.

El otro día en una tertulia de amigos alguien comentaba que el mejor momento en su matrimonio fue el primer año.

—Fue cuando mejor estábamos. Lo pasábamos bien. Aún no teníamos a los niños y salíamos mucho.

Otra de las parejas comentó:

—Es verdad. A nosotros nos pasa lo mismo. Tenemos un recuerdo maravilloso del primer año. De hecho, sin duda, para nosotros fue el mejor.

Yo escuchaba atento mientras miraba de reojo a mi mujer convencido de que nosotros no lo debimos haber hecho demasiado bien, hasta que intervino una tercera pareja.

UN DESCUBRIMIENTO ENRIQUECEDOR

—Para nosotros no. De hecho el primer año fue el más difícil. Lo pasamos bien, pero tuvimos unas broncas gordísimas, tanto que a mí me llegó a preocupar seriamente. Es más, el primero, posiblemente, es el año del que peor recuerdo tengo. De los demás tengo mucha mejor imagen, y si me dices que me quede con alguno, sin duda, me quedo con este.

Y posiblemente lo más normal sea esto último. El amor cambia, como cambiamos las personas, y se sustenta en las cosas de la vida. El primer amor, siempre es de corazón. Luego entra la cabeza para seguir al corazón.

El primer amor es de pasión. El segundo de entrega. Al principio todo locura, belleza; todo es vivo y todo lo hace vivo. Luego el amor se va transformando en un mar profundo y sereno cuya marea lo puede todo.

Por eso, lo lógico es que, en la medida en que el tiempo pasa, el amor vaya cambiando. Esa pasión que nos envolvía al principio va tornándose en un oleaje sereno, profundo y constante.

Cuando nos casamos, la pasión lo llena todo, y todo nos parece maravilloso. Pero la pasión pasa y viene la vida y con ella el realismo de ver que convivimos con alguien que tiene limitaciones y debilidades. Tiene un temperamento propio, y propio modo de hacer las cosas. Tiene una manera de pensar que a veces no se ajustará a la nuestra y puede tener unos ideales que no tienen porqué ajustare a los nuestros.

Es por eso que lo normal es que los primeros meses, años, sean de ajuste, de roces y en ese roce saltarán, vaya que sí, muchas chispas. No somos dos clones que se ajusten como un mecanismo preciso. Somos dos seres con toda la variedad y riqueza del género humano.

El amor de pasión deberá dejar hueco al amor de razón que se apoya siempre en dar. Se trata de dejar valorar el gustillo que produce en nosotros mismos el hecho de querer, para comenzar a amar y valorar simple y llanamente el que el otro exista, y ese simple hecho nos haga feliz.

Es más. El amor auténtico es querer aunque no se sienta que se quiere. Querer aunque no se vea, querer a oscuras, querer sin querer y vivir queriendo. Y esos momentos existen, existen en la vida de todos. Lo normal es que sean algo excepcional y poco duradero, porque quien quiere así termina siempre profundamente recompensado.

Un juego que no es base cero

Dicen que los niños aprenden jugando. Que es bueno que jueguen, pues de una manera espontánea se conocen y ejercitan habilidades y capacidades, que resultan muy difíciles de explicar y enseñar de otra manera.

Con el matrimonio ocurre algo parecido. El matrimonio, y de modo especial en su primera etapa es un juego. Un juego donde las personas vamos aprendiendo muchas de las reglas de funcionamiento que luego estarán presentes en el día a día de la convivencia. Nadie ha nacido sabiendo; como en el resto de las parcelas de la vida, tenemos que aprender.

Las mujeres, en este juego llevan una clara diferencia. La naturaleza las ha dotado de muchas cualidades buenas y de entre ellas, de una intuición preclara para ver las cosas como solo saben verlas ellas. Los hombres son por naturaleza más ingenuos, entran de cabeza y de frente a las cosas en donde ellas van de puntillas y volviendo cuando ellos están yendo.

Son momentos de roces y pequeños conflictos en los que nos vamos conociendo y vamos descubriendo que somos distintos, y que tenemos modos distintos de hacer las cosas. Ahora bien,

tenemos que tener en cuenta
que este no es un juego
en base cero,
donde siempre
hay que quedar empatados,

y mal asunto si siempre vamos buscando el compensar cualquier afrenta, o igualar lo que no pone en ningún libro del mundo que deba ser igualado.

No. Este es un juego en el que en ocasiones se gana y en otras se pierde, y no pasa nada. Es fácil tener la tentación, y lo normal es tenerla al principio, de pensar que si pierdo determinadas batallas en los primeros años, luego será muy difícil recuperar ese espacio. Es cierto solo en algunas cosas, y esas son las que conviene tener claras desde el principio.

Una regla de oro: inflexible en las cosas esenciales. Flexible en todo lo demás. Ahora bien. Quién decide lo que son cosas esenciales y las que son accidentales. Esa es una de las cuestiones clave, y es misión de cada pareja el establecerlas. Una cierta dosis de sentido común no vendrá mal, y en todo caso, el hablarlas, hablarlas mucho puede ayudar.

Son cosas accidentales la mayoría de las cosas materiales. Lo que comemos el día a día, la manera de poner la mesa, la marca de mayonesa o de espárragos, la manera en que está decorada nuestra casa o el tipo de ropa que se ponen nuestros hijos. Son accidentales las maneras que tiene nuestra pareja de relacionarse con su familia (el número de llamadas a casa de la madre, el día de visita a los abuelos) siempre y cuando no interfieran en la vida familiar propia que la pareja está procurando formar. Son accidentales las amistades, el lugar de residencia, los gustos, la administración de la economía y hasta las broncas de pareja.

Son todas ellas cosas accidentales porque no impiden que la relación de pareja vaya creciendo. Más bien, lo contrario. En ponerse de acuerdo ambos en esas cuestiones que nos pueden parecer más o menos importantes, está la clave de la madurez matrimonial. Habrá que ponerse de acuerdo, sin duda, entre otras cosas porque no vamos a tener dos marcas distintas de mayonesa en casa, o los niños van a ir vestidos cada uno de un color como si fuera el arco iris. Nos pondremos de acuerdo y al final, a base de ceder unas veces y ganar otras, iremos dándonos cuenta de que esa pequeña menudencia, para nosotros no supone apenas nada, y para nuestra pareja sí, y que pasando por alto esas cosas somos todos más felices. El problema es cuando convertimos esas cuestiones, que no son más que cosas accidentales, en grandes batallas y en terribles afrentas a nuestra «dignísima persona» *«que no ha sido considerada en tal cuestión tan esencial para la buena marcha de la civilización occidental»*.

Son cosas accidentales, insistimos, que existen en todo matrimonio y que con el paso del tiempo nos reímos en recordarlas. Pero son cosas que en muchos casos provocan pequeñas discusiones y hasta alguna bronca. Y el dormir con la ventana abierta o cerrada, la balda del baño arriba o abajo o si el domingo vamos a una casa u otra de los abuelos, han terminado en una auténtica bronca.

No pasa nada. De hecho, colocábamos las broncas entre las cosas accidentales de la vida matrimonial, pero aun siendo así, hay situaciones que nos hacen reflexionar sobre su sentido, y si no, escucha:

UN DESCUBRIMIENTO ENRIQUECEDOR

Cuando falte mamá

Nos dejó a todos removidos. Lo contaba con sencillez, con esa manera sencilla de la gente profundamente buena.

—*Yo estaba con un destacamento en Bosnia, cubriendo tareas humanitarias. Mi hija mayor solo tenía tres años y la pequeña acababa de nacer. Me llamaron desde Madrid para decirme que mi mujer estaba muy mal, que apenas le quedaban unos meses de vida.*

Los que escuchábamos le miramos. Atentos, serios, conteniendo la tensión. Le mirábamos como tratando de escudriñar qué mágico poder le daba la fuerza de poder contar aquellas cosas como las contaba. Estoy convencido de que en el interior de cada uno de nosotros no éramos capaces de pensar más que en lo mucho que le estaba costando contarnos aquello. Su bigote ancho, su buena planta, su gravedad en la voz, nos hacía clamar en lo más íntimo de nuestro ser que, por favor, el final de aquella historia no fuera el que imaginábamos.

—*Me quedé aturdido. Por aquel entonces yo no tenía demasiada fe. Creía en Dios, como creemos tantos, sin convicción. Creer sin demasiadas ganas de creer. Pensé en mis hijas, que ajenas a todo aque-*

CAPÍTULO 3
ANTONIO VÁZQUEZ VEGA

llo, jamás podrían entenderlo. Pensé en su cara, en sus ojos, en el día, inevitable, en que la mayor, con tristeza, preguntase:

—¿Y cuando falte mamá?

—Empecé a subir a una de las montañas de Bosnia donde aquella buena gente acudía a rezar a la Virgen. Ellos lo hacían porque ya no les quedaba nada. Yo porque lo iba a perder todo. Mi mujer murió dos meses más tarde. Con ella perdí lo que más quería en este mundo, y gané lo que más me ha podido consolar y llenar en esta vida: mi fe.

—Y esa, esa es la historia.

Los que escuchábamos callábamos. Nos hubiera gustado que aquel grandullón hubiera continuado contando. Que nos hubiera hablado de cómo, con ese corazón que no cabe en una campo de fútbol, había hecho de padre y de madre para sus hijas, y que ha sido tanto su cariño que sus hijas son los seres más felices del mundo. Nos hubiera gustado que nos contara qué extraña magia hacía que su cara irradiara ahora felicidad, bondad y sobre todo cariño, un cariño inmenso.

Pero no. No nos contó nada más. Lo dejó ahí. El resto lo debíamos añadir cada uno.

UN DESCUBRIMIENTO ENRIQUECEDOR

Pensé entonces en mi mujer y en mis hijos, sobre todo en ellos y en si yo sería capaz de soportar los ojos de mi hijo mayor si algún día me preguntara:

—¿Y cuando falte mamá?,
y entendí que no podría, que no tendría la fuerza suficiente.

Pensé también en tantas veces como he discutido con mi mujer por tonterías y me di cuenta de que las cosas solo las valoramos cuando no las tenemos.

Pensé, por último, en los ojos y en la voz de esos niños, cuando sus padres se separan. Es una mirada y una voz silenciosa. La mayoría de las veces no dicen nada. Ni siquiera lloran. Es tanto el dolor que su única protección es el silencio. Y mientras tanto, en lo más íntimo de su pequeño corazón, brota espontáneo:

—¿Y cuando falte mamá?

Historias como estas nos hacen entender lo que, de verdad, son las cosas importantes. Pero lo cierto es que, a pesar de esas historias, al final, hay broncas. Broncas. Las habrá siempre. Son la sal de la vida, no porque en sí sea algo bueno, la sal es mala para casi todo, pero le da cuerpo a las cosas. Las

CAPÍTULO 3
ANTONIO VÁZQUEZ VEGA

habrá y son algo puramente accidental siempre y cuando no las convirtamos en algo esencial.

Tenemos derecho a discutir con el otro, pues lo normal es que existan muchas cosas en las que no estemos de acuerdo. Lo contrario sería aburridísimo. Discutiremos sobre cuestiones del día a día, y sobre proyectos del futuro. Las cosas, a fin de cuentas, hay que contrastarlas. Ahora bien, debemos entender que nuestro derecho de corregir al otro, la tentación más vieja del mundo, es un derecho que debemos administrar con suma cautela. De hecho, para poder corregir al otro, antes debemos haberle amado mucho, muchísimo, pues solo así lo haremos de verdad buscando lo mejor para él/ella y no resarcirnos de nuestro mal humor de un momento.

No podemos olvidar que cuando dos personas discuten se dicen cosas que normalmente nadie dice en circunstancias normales. De hecho, en muchos de los casos, las cosas que decimos no tienen más que la única y clara intención de herir al otro y cuanto más mejor. Y debemos entender que las cosas no se olvidan fácilmente, y es que, las cosas dichas en un momento de calentón, permanecen cuando la bronca ya es solo un recuerdo. Y esas cosas, inevitablemente, separan.

UN DESCUBRIMIENTO ENRIQUECEDOR

Es por eso mejor tratar de evitar expresiones como «es que tú *siempre* haces lo mismo» o «es que tú *nunca*» las cuales no son ciertas en uno u otro caso. Hasta aquí, las cosas accidentales.

Pero hay otras que son **cosas esenciales** y esas son las importantes. Son temas en los que necesitamos especial luz para no equivocarnos, porque sobre ellas reposa el conseguir edificar un matrimonio sólido, o el que las primeras fisuras nos hagan presagiar que aquello puede terminar por hundirse. Cuestiones estas, las esenciales, que no siempre se ven a la primera. Me decía un amigo un día, y se notaba que lo decía convencido, que él le pedía a Dios todos los días ver acertadamente las cosas, no equivocarse en las decisiones sino tener la luz suficiente para tirar «pa alante» en lo que realmente fuera importante. Confío –continuaba mi amigo– en que Dios me dé también fuerzas para saber sacar las cosas como pueda, pero en todo caso me parece mucho más importante tenerlas claras, si cabe, que el tener fuerzas para ponerlas en marcha. Y es posible que tuviera más razón de la que uno pueda imaginar de primeras.

Muchas veces, de hecho, al ver determinadas actitudes en los demás, lo que nos viene a la cabeza

CAPÍTULO 3
ANTONIO VÁZQUEZ VEGA

es pensar, no lo tercos que nos ponemos en ocasiones, sino pensar cómo esas personas no pueden darse cuenta de que se están equivocando de extremo a extremo y que por ese camino terminarán fatal.

Posiblemente la primera de las cosas esenciales es la **jerarquía de valores** que tenemos. Es algo compartido, algo en lo que tenemos que ponernos de acuerdo ambos y algo, mucho más importante, que aprenderán nuestros hijos de nosotros igual que aprenden a hablar o andar.

En esa jerarquía habrá que situar muchas cosas y darles un orden. Una jerarquía que coincide con el que teníamos antes (no tenemos una doble vida). Hablábamos antes de que nuestra vida, la personal nuestra, cambia de una manera profunda con el matrimonio. Cambia, porque poco a poco, como ocurre en cualquier gran vocación, nuestra vida va dejando de ser algo propio para convertirse en una continua entrega a los demás. Será así, nos guste o no nos guste si queremos mantener una relación estrecha y duradera. De otra manera, aquello, antes o después se romperá. Y en ese cambio profundo iremos descubriendo que nuestras jerarquías se van afianzando junto a nuestra pareja, de nuestros hijos, de nuestra familia, y en ser así, seremos mucho más felices.

Elogio de la comunicación

La segunda de las cuestiones esenciales es *la comunicación*. Dice la sabiduría popular que hablando se entiende la gente, y hablando se arregla casi todo. Cierto, pero si hay un problema común en las parejas de nuestro tiempo es que no se habla, o hablamos, pero no nos comunicamos. Posiblemente las circunstancias no ayudan. Marido y mujer trabajamos, mucho en la mayoría de los casos, y eso hace que uno llegue al final de la jornada con pocas ganas de hablar y con muchas de encender el televisor donde un profesional de la comunicación con buena pinta, chistoso y ocurrente nos cuente mil cosas que nos evadan, durante un rato, del trajín de la vida diaria. Lo cierto es que no hablamos.

Siempre me ha llamado la atención que en los cursos de orientación familiar, cuando toca analizar un caso tratando de identificar los problemas concretos de un matrimonio, todo el mundo coincide, sea el caso que sea, que el primer problema de la pareja en cuestión, es la falta de comunica-

CAPÍTULO 3
ANTONIO VÁZQUEZ VEGA

ción, hasta el punto de que el moderador tenía que comentar siempre:

—Bueno, aparte de la falta de comunicación en el matrimonio, ¿qué otro problema veis?

Es verdad que la comunicación falla y todos estamos persuadidos de que es algo clave para que el matrimonio funcione. Estamos persuadidos y convencidos de que es así especialmente cuando se trata de pensar en otras parejas, pero lo cierto y verdad es que en cuanto nos paramos a pensar un poco con honradez, nos damos cuenta de que en nuestro caso también falla algo. Al principio no hablamos porque estamos cansados. No es que nos pase nada, es que queremos, simplemente olvidarnos de todo. Después empezamos a no encontrar el momento de comentar algo por temor a que surja una pequeña bronca y terminamos por hacer cada uno nuestra vida, en la que no nos interferimos, sin duda, pero en la que va muriendo el amor. Hasta que un buen día, y sin saber por qué, comienzan a aflorar los problemas gordos, y ese día no encontramos de donde tirar para poder salir adelante.

Todos necesitamos hablar y contar nuestras cosas. Todos necesitamos descargarnos de las cosas

UN DESCUBRIMIENTO ENRIQUECEDOR

aunque eso suponga poner de manifiesto nuestras flaquezas. Y si no hablamos con nuestra mujer o con nuestro marido, lo terminaremos haciendo con un amigo/a o lo que es peor, con una compañera/o del trabajo que no sabe muy bien porqué, «es la persona que mejor nos entiende y que más apoyo termina dándonos».

Hay que hablar. De todo. Tal vez hay días en los que tendremos que buscar el mejor momento, pero hay que hablar. Aunque no nos entiendan, aunque nos cueste una bronca, aunque nos suponga un esfuerzo que en la mayoría de los casos será así. El mundo en que vivimos está montado de tal modo, que hay toda una industria del ocio empeñada en que por un módico precio le tengo entretenido. Las industrias de vídeo compiten por tener retenidos a nuestros hijos ante el televisor. La Liga de fútbol, el golf, la caza, las revistas (con o sin corazón), los 37 canales de televisión, el cine, los bares de copas, las cenas de nuestros amigos... se esfuerzan día a día por hacernos pasar un buen rato por poco dinero. Y sin duda, son cosas estupendas, pero si les dejamos, terminan por organizar y ocupar hasta el último segundo de los pocos que nos deja el trabajo.

CAPÍTULO 3
ANTONIO VÁZQUEZ VEGA

Para hablar, para comunicarnos, en muchos casos tendremos que proponérnoslo y buscar formas, ratos y manera de conseguirlo. Será salir a cenar con nuestra pareja, o a tomar un simple helado. Otras será un viaje o un «pitillo tranquilo» después de venir de casa de unos amigos en la que nos han contado dos o tres cosas fuertes de verdad. Tengo un conocido que me cuenta que él viaja bastante y que procura llevarse a su mujer con él. Son viajes rápidos, de uno o dos días que procuran hacer en coche pues comenta que es donde mejor se habla.

—Te vas, y allí te encuentras que estás durante cuatro o cinco horas en las que puedes hablar de los divino y lo humano. Y venimos de cada viaje fenomenal.

Hay que hablar. Tenemos que encontrar la manera de hablar todos los días. De cosas serías, y de algunas que no lo son tanto. Y reírnos, reírnos a carcajadas que ahora parece ser que lo recomiendan los médicos y dicen que tiene un montón de terapias curativas. Tenemos que reírnos con nuestra pareja. Reírnos hasta que se nos salten las lágrimas que eso une mucho y sobre todo nos quita esa cara de «dignos» que tantas veces llevamos a todas partes. Reírnos de vez en cuando y gastarnos bromas pequeñas que en el fondo no hacen más que delatar que sus cosas y su sonrisa nos preocupan.

Hablar y escuchar. Tenemos que escuchar. Las consultas de los psiquiatras están llenas de gente que paga por ser escuchada. Todos lo necesitamos, y en algunos momentos y circunstancias de una manera especial. Escuchar porque él/ella lo necesita, no tanto porque sea necesario fijar un criterio o dar un consejo «clave en el desarrollo personal de la identidad psicosomática de uno». Escuchar, escuchar lo que nos quieran contar entendiendo que son tan importantes las grandes políticas del banco donde trabajamos, como la última trastada del más pequeño de nuestros hijos o la tapicería del cuarto de estar.

La tercera de las cosas esenciales, si es que podemos hablar de estas cosas como quien enumera los apartados del artículo diez del Código Civil, es *el respeto*. Siempre que pienso en lo que es este concepto, me viene a la cabeza una anécdota que contaba José María Pemán en uno de sus artículos periodísticos. Relataba la historia de una mujer que la noche de bodas se encontraba en su habitación cambiándose cuando en esto entra el marido. La mujer, al verlo, le dice:

—Por favor, sal de la habitación, llama a la puerta y vuelve a entrar.

Así lo hizo el marido y al entrar comentó:

—A qué tanto protocolo si tú y yo ya somos marido y mujer.

A lo que respondió la mujer:

—Para que de ese modo valores el permiso que ahora mismo voy a concederte.

Posiblemente la historia haga reír a muchos por lo caballeresco de los modos antiguos, pero en todo caso refleja algo que es una realidad no siempre tenida presente. Nuestra mujer, nuestro marido, son personas a las que debemos respetar de una manera especialmente delicada pues en esto no existen los términos medios. Respetar porque es alguien a quien queremos más que a ningún otro, porque es además la madre o el padre de nuestros hijos, porque es una persona, y porque es con quien hemos decidido pasar el resto de nuestros días.

Un respeto que se mide en pequeños detalles que van desde el pudor (casarnos con nuestra mujer no quiere decir que no debamos respetar determinadas parcelas de su pudor personal, más aún si ella lo quiere así, porque ella seguirá agradeciendo al pasar de los años, que llamemos a la puerta antes de entrar) hasta la más elemental educación de darse cuenta que por fuerte que sea una bronca hay cosas que no se dicen y mucho, mucho menos que se lanzan. Me refiero, no solo a los insultos personales, o al hecho de tirar algo o levantar la mano que son cuestiones propias de alguien sin educación y sin cultura, sino a la capacidad que todos tenemos de hacer daño cuando queremos, diciendo esas cosas que sabemos que hieren donde más duele y que luego hacen que la heridas por mucho que cicatricen, si son profundas, dejan huella.

El respeto es un hermoso guardián del cariño y del afecto. Será dejar las cosa preparadas por la noche de modo que no le molestemos al levantarnos antes por la mañana, dejar el baño de modo que resulte grato entrar, abrir la puerta del coche, dar valor al curioso orden en que él ha puesto sus papeles, o una llamada a media mañana para nada, «solo para saber qué tal estabas».

El paso de los años hace a las personas enamoradas más delicadas con las cosas del otro. Dema-

CAPÍTULO 3
ANTONIO VÁZQUEZ VEGA

siado bien sabemos lo que le gusta y lo que no, lo que le molesta y lo que le hace ver que, después de todo, te importan más sus cosas que las tuyas propias.

Respeto que nos hará, también, darnos cuenta que las cosas son como nosotros queremos que sean y se complican cuando las complicamos. Si le respetamos, nos daremos cuenta por muy modernos que seamos, que una mujer difícilmente puede tener amigos y un hombre amigas. Las amigas de un hombre son las amigas de su mujer y los amigos de esta serán los de su marido.

CAPÍTULO 4
ALGUNOS ASPECTOS QUE NO DEBEMOS OLVIDAR

Algunos aspectos que no debemos olvidar

No podríamos terminar esta parte de cuestiones esenciales sin hablar de dos temas de vital importancia y que han cobrado un protagonismo clave en nuestro tiempo: el sexo y el dinero.

Ambos temas conforman e influyen de una manera definitiva en las relaciones de la pareja y de su buen o mal enfoque dependen muchas cosas por lo que hemos preferido dedicarles unos capítulos específicos.

El sexo

Qué bien están hechas las cosas. Dios supera el más atrevido de los pensamientos. Sin duda, si a

CAPÍTULO 4
ANTONIO VÁZQUEZ VEGA

cualquiera de nosotros nos hubieran encargado algo parecido, estoy convencido de que, ni por asomo, habríamos podido imaginar algo tan increíble. Esto del sexo está muy bien hecho.

Ahora bien, en este juego existe la libertad. Algo que lo adorna y lo embellece, que lo hace grande y que es tan connatural a su esencia como la vida misma. Pero es también algo que lo puede hacer muy distinto, y que nos lo terminemos por cargar; y algo que nos engrandece y nos eleva termine por convertirse en algo rebajado y sucio, que apesta y duele, y que lejos de unirnos, cada vez nos separa más.

Pero hablemos del tema. Venimos del noviazgo. Lo normal es que haya sido una etapa dura en la que hemos tenido que poner muchos sentidos para saber esperar. Ahora al final, las cosas ya son normales.

Tiene gracia. Lo listos que somos todos, lo científicos que somos para tantas cosas y al principio no sabemos hacerlo. Somos unos torpes. Fenomenal. Así ha sido para todo el mundo la primera vez y nadie ha nacido sabiendo. No es que requiera una ciencia especial, y no hace falta leer grandes manuales. Como decía un sabio viejo, «un tonto se junta con una tonta y salen tontitos». Se aprende poco a poco, y lo mejor es echarle muchas dosis de humor que garantizan pasar un buen rato.

Llegamos al matrimonio con deseos de sexo. Sí, de sexo. Y en decirlo no hay nada malo. Parece como si comentarlo fuera algo tabú o oscurantista. Y nada tiene que ver. Es verdad que todo el mundo tiene pudor, y que no podemos ir por la vida contando a la gente las cosas que son de nuestra intimidad. Pero conviene que desde un primer momento, y para siempre, tengamos muy claro que el sexo en el matrimonio es algo bueno, necesario, estupendo, divertido, relajante, afectivo y santo, y aquellos matrimonios, que salvo condiciones excepcionales y por motivos muy específicos, no lo practican, están perdiendo algo que les puede unir de una manera muy especial y exponiéndose a un montón de problemas.

Decíamos que llegamos al matrimonio con grandes deseos de sexo. Tanto el hombre como la mujer. Es lo natural. Somos gente joven, pasional, sana, y la belleza que desprende la figura de nuestra mujer, o la seguridad del porte de nuestro marido son aspectos que hacen que tengamos un de-

CAPÍTULO 4
ANTONIO VÁZQUEZ VEGA

seo fuerte e íntimo de estar unidos a él/ella de una manera que no haríamos con ninguna otra persona de la Tierra. Y es que nos queremos tanto, que no podemos más que desear meternos, hasta físicamente, en el cuerpo del otro.

Iniciamos esta etapa la noche de bodas. Cuántas cosas se han escrito sobre esa noche. Cuántas veces unos y otros han imaginado cómo sería ese primer momento, y cuántos chascos se han llevado tantos en esa primera ocasión.

La noche de bodas es la primera, y tiene un encanto especial. Para los hombres es la culminación de un proceso que nunca terminabas de creer que iba a llegar. Para las mujeres la primera ocasión en que descubren parte de su intimidad más propia y en ese desvelar sienten el miedo de quien pierde algo muy personal. En todo caso, no es más que la primera de las veces, y lo normal, como inexpertos que somos, es que no sepamos sacarle ni la mitad del jugo que cualquier matrimonio con unos años de experiencia sabe conseguir. Es así y es lo más normal y si todo sale bien, pues qué bien, y si no sale todo lo bien que esperamos, pues también fenomenal. Porque en todo caso, esa primera noche tiene que quedar muy claro que este es un juego, como todos los demás del matrimonio, en que para ser feliz y disfrutar hay que ir a dar, y el gran secreto de esa noche es descubrir que así debe ser si queremos alcanzarlo todo. Dios mío, hay matrimonios que se han acabado en la noche de bodas. Y ese no es un problema de la noche de bodas, sino de la disposición y las expectativas que uno lleva puestas.

El sexo es algo estupendo, pero tampoco es la quintaesencia de la humanidad. Nos gusta a todos y así debe ser, pero cuando lo conoces descubres que es un jalón más en la búsqueda de la felicidad que persigues de la mano de tu pareja. Pasas un buen rato, te unes más, expresas un cariño que nos sabes ni nombrar, pero al final te das cuenta de que la vida sigue y que las grandes cosas de la vida están ahí, esperándote.

Quien vaya al matrimonio ofuscado por el sexo, se va a llevar un chasco y una desilusión, pues con ser importante, ni es lo más, ni es clave para que aquello superviva.

Es por todo eso, por lo que conviene atender algunas cuestiones sobre este tema:

— **El órgano sexual más importante que tiene el ser humano es la cabeza.** La persona no es

CAPÍTULO 4
ANTONIO VÁZQUEZ VEGA

un animal, y precisamente por eso tiene la grandeza de poder disfrutar de las cosas no ya física o instintivamente, sino intelectualmente, y ese es, sin duda, un goce y un disfrute mayor. La pasión y el disfrute de unas caricias físicas no pueden, ni por asomo, compararse con lo que a la persona llena y hace disfrutar, cuando esos actos y esos momentos no son más que el reflejo delicado de un cariño y un afecto que la pasión conduce a momentos de auténtica felicidad.

— **El amor es ingenioso y no necesita patrones ni aprendices.** En el amor sexual, las cosas se descubren de la mano de la ilusión y el afecto. No hace falta leer libros, ni ver películas de ningún experto en excitaciones. Cada día tiene su encanto y posiblemente no hay dos momentos iguales. Las cosas, nuestras cosas, las iremos descubriendo a nuestra manera y con nuestro estilo. Y nos gustan, precisamente, porque son nuestras y de nadie más. Leer o ver estos temas, lo único que hace es crearnos estereotipos que nos condicionan inevitablemente y le restan espontaneidad y frescura y placer.

- **En el sexo, como en el matrimonio vamos a dar.** En esto los hombres tenemos mucho más que aprender. Las mujeres son la gran escuela de la humanidad en lo que se refiere a dar, entre otras cosas, porque son ellas las encargadas de dar la vida. Los hombres, en esto, inevitablemente somos más brutos. Y en ocasiones, no solo brutos, sino tremendamente desmesurados y egoístas. Todos tenemos experiencia de que quien hace un regalo disfruta más que quien lo recibe, y esto también se cumple en el sexo. Vamos a dar, no lo olvides nunca, porque es la única manera de ganarlo todo.
- **Disfrutar en el matrimonio del sexo es algo bueno y estupendo que lleva su tiempo.** Hemos dicho ya que no nacemos sabiendo. Debemos aprender como en cualquier otra faceta de la vida. Aprenderemos las cosas que le gustan a él y a ella que casi nunca coinciden. Aprenderemos los ritmos que sin duda son distintos. Aprenderemos las posturas, las caricias, las palabras que convierten esa unión en algo íntimo y profundo que deja posos de grandeza y de cariño.

CAPÍTULO 4
ANTONIO VÁZQUEZ VEGA

—**En el sexo, lo primero que debemos aprender es que somos sexos distintos.** Parece una Perogrullada, pero lo cierto es que el no atender a esta premisa genera no pocos problemas. A la mujer se le gana por el oído y el sexo es un colofón a una sinfonía que llevamos tocando desde hace tiempo. Ella necesita ambientarse. Acercarse poco a poco como una ola que viene desde el mar profundo y no rompe hasta llegar a la costa. Para ella resultan mucho más excitantes las palabras que sabemos susurrar desde el trabajo a media mañana, o la caricia sencilla y tímida que le hace sentir que es algo delicado y precioso. Llegará al sexo despacio, poco a poco, sin importarle mucho si el culmen llega o no a producirse. Ella, por naturaleza, tiene muy claro que el sexo antes que nada es una manifestación de amor. Está a gusto con su marido, le basta con verle, con escucharle, con sentirse abrazada. El sexo se convierte así en la última etapa de una relación entrañable y especial. Entonces, solo entonces, descubre y ama, y la pasión llega a su final. De igual modo que cualquiera de los hombres, pero en ella ese instante se hace largo y profundo, porque es toda ella la que se entrega y no una sola parte de su cuerpo.

El hombre es distinto. Sus órganos genitales son como algo yuxtapuesto y externo a su constitución. A él le consume la pasión, una pasión que si no sabe controlar se convierte en algo brutal y desmedido carente de todo sentido. El sexo deja entonces de ser una manifestación de amor para convertirse en un instinto, y el pequeño caníbal reclama su ración diaria como algo necesario.

Puede ser, de hecho desgraciadamente sucede más de lo que podemos imaginar, que existan muchas esposas jóvenes que son prácticamente forzadas a tener relaciones. No por la fuerza física, pero sí por nuestra actitud y nuestras formas. Nos vemos convencidos de que tenemos derecho, de que no hacemos mal en exigir lo que nos pertenece y en cuanto tenemos algo de apetito, que en el hombre es algo bastante corriente, pues vamos y comemos. Pensamos entonces que no pasa nada, que a nuestra mujer no le importa. Es más. Podemos llegar a pensar que a

CAPÍTULO 4
ANTONIO VÁZQUEZ VEGA

nuestra mujer este tema no le interesa demasiado y puedes encontrarte mujeres que llevan tres años de matrimonio y no han disfrutado aún ni una sola vez. Y eso es una canallada que hará que nuestra mujer termine con manía y fobia a este tema y acabe por despreciarnos.

Los hombres somos pura pasión. Si por nuestro instinto fuera, podríamos cubrir nuestras necesidades en cinco minutos y aun en menos. En nosotros, el sexo es una explosión. Un instante que apenas podemos dominar. Es por eso especialmente importante que los hombres sepan controlarse y tratar de acoplar sus ritmos a los ritmos de la mujer que son mucho más lentos. Otra vez la generosidad de pensar más en el otro que en uno mismo. Tendremos que aprender qué es lo que le gusta a ella que casi nunca es lo mismo, sino que cambia día a día. Un día será una caricia, otro una palabra, un susurro, un abrazo, una mirada. Así hasta que descubramos que lo que de verdad nos llena y nos hace disfrutar, que lo que más nos gusta de todo es verla, verle, disfrutar a ella, a él.

Y a esa tarea tenemos que aplicarnos de modo especial los hombres. De hecho, debemos aplicarnos de tal modo, dicen los libros de moral, que si llegado el caso en que tenemos relación con nuestra mujer y ella durante ese tiempo no ha disfrutado, y nosotros sí, el hombre puede y debe hacer todo lo que sea necesario para hacerla disfrutar.

— **¿En el matrimonio se puede hacer de todo?** Posiblemente a muchos se les puede plantear esta pregunta sobre el uso de su matrimonio. Y en esto, como en todo, tendremos que aplicar el sentido común. Sí, claro que se puede hacer de todo. De hecho lo normal es que la delicadeza, el afecto y el cariño lleven a hacer todas aquellas cosas que la imaginación pueda sugerir. Y son muchas, muchas más de las que inicialmente podemos pensar. Pero parte del secreto de esas cosas es que pertenezcan a nuestra intimidad, que nadie tiene por qué conocer. Se puede hacer todo, todo aquello que el pudor, la educación y el cariño no rechacen. Y la delicadeza de un hombre tendrá que aprender a descubrir que nuestros deseos de emociones fuertes, tan propios de

CAPÍTULO 4

ANTONIO VÁZQUEZ VEGA

nuestro género, no están reñidos con la más exquisita de las delicadezas, esa que lleva a darse cuenta de que nuestra mujer es algo delicado y precioso que no se puede maltratar y usar como si fuera un trapo.

— **La pornografía no aporta nada.** Al contrario retrae y crea estereotipos. Algunas personas, ayudadas de no pocos psicólogos retorcidos y desviados, piensan que el ver pornografía no resulta en nada negativo sino que puede enseñar algunas técnicas y métodos nuevos para un mayor disfrute del sexo. Si hay algo que entiende poco de técnicas es el amor, y el sexo no es más que una forma de amor, una de sus formas más bonitas, pero no la única ni la mayor.

Para practicar el sexo no hacen falta técnicas y corremos el riesgo de dejarnos llevar de las cosas que hemos visto. Decía un psiquiatra que las imágenes que se ven en este tipo de películas se quedan grabadas y casi de modo instintivo se reproducen en las situaciones en las que estamos teniendo relaciones. Y eso lejos de aportar algo, lo único que quita es espontaneidad y encanto. Decía entre lágrimas una amiga lo duro que resultaba para ella darse cuenta, en las relaciones con su marido, que él le llevaba ventaja, que tenía más experiencia que ella, y que no podía evitar imaginar que esa experiencia la había adquirido con otra mujer y no con ella.

Las crisis

Has oído hablar de ellas. Has oído hablar e incluso las has visto en la vida de algunas parejas conocidas. La mayoría de las veces, cuando te lo han contado, no les has dado demasiada importancia y has pensado que tampoco será para tanto. En otros casos, has llegado a creer que en cierto modo se las buscan, o que no saben hacer las cosas lo suficientemente bien como para evitarlas. Pero siempre, o casi siempre, has estado convencido de que las crisis en tu caso no llegarán.

Piensas que lo vuestro es mucho más normal, que tan solo son pequeñas broncas que surgen de vez en cuando y que al final siempre sabéis cómo arreglarlas.

Esta vez las cosas son diferentes. No hay manera de levantar cabeza. Fue una bronca, luego otra y

CAPÍTULO 4
ANTONIO VÁZQUEZ VEGA

ahora son algo casi constante. Lo que es peor, ahora en cada una de ellas se dicen cosas más fuertes, más hirientes, con mayor gana de hacer daño. Empalmas una crítica detrás de otra. Callas o das gritos indistintamente, y procuras incluir en la discusión, sin venir a cuento, las cosas que sabes que son más especiales para el otro.

Al principio pensabas que podías dominarlo. Que en el fondo, tenías la llave para parar aquella situación en cuanto te pareciera oportuno. De hecho pensabas, que si no la parabas es porque preferías que aún durara un poco más y el otro pudiera de ese modo darse cuenta de que contigo no se juega.

Ahora empiezas a preocuparte. Te asombra hasta tu propio comportamiento y por primera vez, tal vez desde que te casaste, empiezas a creerte las cosas con las que tratas de herir al otro. Y eso no te gusta. No te gusta nada.

Lleváis días así. Ha habido algunos intentos de arreglo, pero a la mínima todo ha vuelto a saltar por los aires, y con ello se rememoran todas las viejas heridas.

En tu interior te encuentras mal, muy mal. Odias esa situación, pero no ves la manera de salir, y en todo caso no estás dispuesto a ceder en algo que ha ido demasiado lejos. ¡Dios mío! Se han dicho tales cosas. Pero cómo es posible que esta persona pudiera llevar esas cosas dentro durante tanto tiempo. ¿De verdad? Cómo puede ser que se las crea o que tan siquiera las piense.

Ayer fue el colmo. Se marchó de casa y no dijo ni adónde, ni cuándo volvería. Por la cabeza te ha pasado la sombra de una vida sin él, pero al pensar en tus hijos la has desechado por completo. Pero que quede claro, piensas en tu interior, que es por los niños y no por el otro al que ahora te ves incapaz de soportar. Estaría bueno.

Te cuesta dormir, concentrarte en el trabajo o disfrutar de las cosas de las que siempre lo has hecho. Y miras con envidia las demás parejas que pasan a tu lado, pensando que ellas no se han equivocado y que lo suyo, por duro o malo que pueda ser, no es tu caso.

Y sobre todo, pasan los días y no sabes cómo salir.

Hay crisis. Es cierto. Hay crisis y por ellas pasamos todos. Como decía mi abuela con cierta dosis de humor: «Sin los santos óleos se van muchos, pero sin el zarandeo nadie». Hay crisis matrimoniales y por ellas tendremos que pasar. O más

CAPÍTULO 4
ANTONIO VÁZQUEZ VEGA

bien, no pasa nada por pasarlas, y eso es esencial tenerlo en cuenta.

Si pensamos que pasar una crisis es una situación gravísima que no tiene arreglo, es posible que consigamos que así sea. Como decía un autor con gran experiencia en este campo «hay crisis y basta». Si por el contrario nos ensimismamos en la dificultad de la situación, lo más posible es que nosotros mismos estemos poniendo la mayor dificultad para que ese momento se arregle.

Algunos autores dicen que esa primera crisis se produce a los diez años de casados. Lo más probable es que resulte complicado ponerle cronología a este tipo de situaciones. Más bien se trata de que normalmente después de ese tiempo, las posturas de uno y otro han cristalizado de manera mucho más definitiva y eso hace que se radicalicen un poco más. O tal vez es que después de tanto tiempo, las cosas se tengan que estropear para arreglarse. De seguro que en muchas ocasiones hemos arreglado pequeñas broncas en falso, que se han ido acumulando como un río que quisiera salir de cauce. Tal vez es que después de ese tiempo aguantamos menos, o simplemente que ha ido desapareciendo la pasión de los primeros momentos que después no hemos sabido alimentar. Tal vez ahora hay más presión en la casa, en el trabajo, entre los amigos... o tal vez es que llevamos demasiado tiempo mirando en todas partes menos en los ojos del otro. Pero al final, las hay.

Pero las crisis se pasan, como se pasan las tormentas, las enfermedades o los dolores. Y al pasar descubres que las cosas nacen con más fuerza, que te has vacunado, o que la salud es un bien inapreciable.

Tal vez es que el matrimonio requiere, de vez en cuando, una atención, un reclamo que nos haga entender que esto, como lo demás, hay que lucharlo siempre.

Cuando en la primera parte hablábamos del desarrollo personal, hacíamos referencia a que la persona se hace superando crisis, grandes o pequeñas. La vida es lucha. Lo ha sido siempre, y lo seguirá siendo. Y las crisis nos recuerdan que tenemos que estar siempre pendientes.

Pues al matrimonio le ocurre algo similar. Lo espera todo, y cuando no se da, se pierde.

Querido Juan:

Son las 5 de la madrugada y comienza el día. Como ves, en el fondo estamos todos bastante lia-

CAPÍTULO 4
ANTONIO VÁZQUEZ VEGA

dos. No sé por qué estas horas tienen algo especial. Tal vez el sentimiento de superioridad de pensar que uno trabaja cuando aún quedan varias horas para que la gente se vaya despertando. Como ves, «la modestia» nos acompaña incluso a estas horas.

¿Qué tal estás? Supongo que mal, porque en tu situación es difícil tener un buen rato. Supongo, además, que el viaje a Londres, en el que depositabas algunas ilusiones, no ha resultado tan reconfortante como esperabas. Y la vida sigue imparable...

Ayer por la tarde hablé con quien ya te puedes imaginar. Ya sabes que es una persona discreta y que apenas me dijo nada. Prefería escuchar, como siempre. Lo que sí te puedo decir es que te tiene más cariño del que te puedes imaginar, y se acuerda constantemente de ti. Y esto me hace pensar en otro tema: no sé cómo lo haces, pero consigues que la gente te quiera de verdad. Es mucha, muchísima la gente a la que noto que te quiere y que te aprecia, y no estoy hablando precisamente de mediocres. Es más, en varios momentos he pensado en la posibilidad de que fueras a Madrid a pasar unos días para descansar, dejando que la gente te quiera por quien eres y no por lo que representas.

ALGUNOS ASPECTOS QUE NO DEBEMOS OLVIDAR

Qué malos son los finales de curso, previos a las vacaciones de verano. Son malos porque tenemos una condición demasiado humana. En todo caso, es lo que hay y hay que vivirlos, con la ventaja de saber, sencillamente, que son malos y que pasan. Todo pasa, al final todo pasa. Qué simple, pero qué sencillo.

He pensado mucho en lo que hemos hablado estos días. Si te soy sincero no hago más que pensar en ello. He pensado y te he imaginado resolviendo las mil piruetas de tu puesto profesional, y luego más tarde, en casa, con tu mujer y los niños... mientras en tu cabeza bullen sin parar tantas cosas. Es un juego tonto, pero donde al final me ha surgido una única respuesta: hay que esperar, tienes que esperar. Aunque te parezca que todo puede saltar por los aires, que no puedes más y que te vas a volver loco. Tienes que esperar.

Que el momento es crítico y crucial, no hay dudas. Que se ha rematado cuando peor podía ser, es algo que ocurre siempre, y que se pasa mal, muy mal, es una realidad palpable. Pero, por lo que sea, tocaba y hay que sobreponerse.

Coincido contigo en que esta situación hay que arreglarla. Claro que hay que arreglarla. En el

CAPÍTULO 4
ANTONIO VÁZQUEZ VEGA

fondo lo que pasa es que no termina de gustarte esta vida que has tenido hasta ahora, y piensas en ella negativamente como si fuera un todo absoluto. Quisieras cambiarla de un solo golpe y terminar así con esta situación. Y no es así. Hasta para salir de lo que creemos que es un error, hay que agachar la cabeza, lo que más nos cuesta a los hombres. Tu vida hasta ahora no ha sido un desastre. Ha sido maravillosa, y solo después de ella, sabrás hasta donde ha sido fecunda. Pero no termina de gustarte, y la incomodidad de la vida que llevas ahora parece como la confirmación a todas tus suposiciones. No dudo que así pueda ser, como los defectos de mi mujer pudieran ser la confirmación de que me equivoqué en la elección. Tal vez, en mi caso, la vida esté montada para que yo, al final, piense que ella es la que debe ser, aunque haya momentos en que pudiera parecer lo contrario. Tu caso es más radical. Hablas de él en valores absolutos, y eso no es bueno, ni real, ni siquiera en política. Hay elementos, claro que los hay, que parecen indicar muchas cosas, y tal vez sea así. Bien, pero no puedes tomar una decisión en el momento en el que más presionado estás. Tú sabes, con la frialdad de un hombre de estado, que esas decisiones están siempre condicionadas.

En fin. Estoy cansado de razonar. Eso es algo que tú haces mucho mejor que yo y donde sin duda nos ganas a todos.

Me dan igual las razones. Por lo que sea, nos entendemos, y puedo asegurarte que quiero ayudarte.

Escápate pronto por Madrid. Son tres horas de avión y el país puede pasar sin ti unos días. En cuanto veas que no puedes más, te vienes a casa a desayunar, y de paso les compras un regalo a mis hijos, que te adoran, y otro a los tuyos que te adoran aún más, y le compras ese libro a Salvador que lo está buscando por todas partes, y le escribes a Carlos, que lo está esperando, y te inventas una conferencia de esas que tan estupendas te salen, y me cortas el jardín que está hecho un desastre, y te llevas de excursión al bueno de don Alfonso que no le deben quedar muchas ocasiones, y le compras flores a mi mujer que le encantan y a mí nunca se me ocurre... y a lo mejor, entre todos esos encargos, encuentras algo de esa felicidad que vas buscando, y durante unos minutos disfrutarás como nadie de la dicha que da olvidarse

CAPÍTULO 4
ANTONIO VÁZQUEZ VEGA

unos instantes de sí mismo. Y ganarás tiempo, que hoy es tu mejor baza.

Tengo que dejarlo que tendré que trabajar. Una última cosa. Si no terminas todas las cosas del trabajo, no te preocupes. Tal como va el país, al final las cosas seguirán como están y tú serás un hombre feliz, que al final es lo que importa.

Cuídate. Recibe un fortísimo abrazo de tu amigo.

Y de la familia política

Lo escuché de alguien que lo dijo todo:
¡Familia política!

Para ayudar, para querer, para amar, para animar, para estar ahí cuando hace falta, para callar, para sonreír, para rezar:
¡Sí!

Para malmeter, para criticar, para entrometerse, para airear complejos y miserias, para actitudes egoístas, para adornar como un florero de una genealogía siempre incompleta:
¡No!

Para callar, siempre.
Para hablar, cuando se les pregunte.
Para aparecer, cuando se les llame.
Para apoyar, en la distancia.

Para unir, siempre, siempre, siempre.

Lo decía un sacerdote mayor con la experiencia de miles de horas de confesonario:

«Con la familia, familiaridad, nunca intimidad».

El dinero

Los ojos de un niño

Me lo contaba un amigo y me hizo callar.

Hoy hacía mi trayecto en el autobús y me he quedado mirando a un niño. Tenía seis, a lo sumo siete años. La camiseta limpia pero descolorida por el paso del tiempo, unos pantalones de saldo y unas zapatillas sin marca. Iba agarrado a la mano de su padre. Camisa sin forma, pantalones sin raya. Brillos que denotan que ha sido muchas veces planchada. Con cariño, seguro, con firmeza en el pulso, pero gastada, gastada de usar una y otra vez porque no hay otra para cambiar. Ropa de siempre. Ropa normal. Ropa de quien tiene una economía muy justa, muy justa, de las que denota que muchas veces no llegas al final de mes.

Subidos al autobús, iban haciendo el trayecto con normalidad. El niño, asomado a la ventana, mi-

CAPÍTULO 4
ANTONIO VÁZQUEZ VEGA

raba con curiosidad todo lo que había a su alrededor. Miraba las tiendas, la gente que pasaba, los niños, los mayores, los jóvenes, los coches... Los coches le llaman mucho la atención. Acaba de pasar un descapotable y lo ha seguido todo el rato con la mirada, con esos ojos grandes que solo saben poner los niños.

Es un niño alegre. De vez en cuando mira a su padre y le sonríe. Este, distraído, le devuelve la sonrisa una y otra vez, mientras el niño vuelve a mirar por la ventana. El padre también mira, pero su mirada es distinta. Mira al infinito, sin fijar un punto, imbuido posiblemente en los mil problemas que aquejan a tantas y tantas vidas que luchan día a día porque llegue el último de cada mes.

Me he quedado pensando en ese niño. Él conoce desde muy joven la realidad de la falta de medios, de la falta de recursos. Mira al mundo con curiosidad extrema, siendo consciente de la magnitud de quien no tiene y de quien tiene casi la completa seguridad de que nunca llegará a tener. He pensado en la escasez, en la pobreza, hasta en la miseria de tantos cientos, miles de familias que componen nuestra sociedad y donde el pan es un privilegio.

ALGUNOS ASPECTOS QUE NO DEBEMOS OLVIDAR

Después he pensado en mis hijos. Lo tienen todo, o al menos casi todo. ¡Dios mío! me esfuerzo tanto porque no les falte nada... y los reconozco caprichosos, casi con antojos, juguetones... ajenos al sacrificio y al esfuerzo que supone ir bregando en esta vida. Qué distintos son unos y otros. Y he pensado en mi misión de padre, en la obligación que tengo de conseguir que mis hijos entiendan que su vida no puede consistir más que en un esfuerzo denodado por tratar de conseguir que él y ese niño del autobús, al final, estén un poco más cerca.

Puede resultar paradójico que en un libro sobre la primera edad del matrimonio dediquemos un apartado al dinero, dentro de los grandes problemas de los matrimonios y de las cosas esenciales para que este termine funcionando.

Puede resultar paradójico el encuadre y más aún el hecho de hablar del dinero, a secas, como si fuera un tema con principio y final; y es que todos cuando hablamos del dinero lo hacemos como un medio, o nos referimos a sus consecuencias o sobre las políticas monetarias de nuestra economía..., pero nunca hablamos del dinero como quien habla de geografía, educación o política.

CAPÍTULO 4
ANTONIO VÁZQUEZ VEGA

Aquí hemos preferido hablar a secas del dinero, con todo su poder evocador, como queriendo dejar muy claro desde un primer momento que estamos hablando de uno de los grandes temas de nuestro tiempo.

Lo primero que tendríamos que admitir es que el dinero, tal cual, nos resulta a casi todos un concepto negativo. Si a cualquiera de nosotros nos preguntaran qué valor le damos al dinero responderíamos, sin duda, que es algo puramente instrumental y nos molestaría y nos daría mala imagen que alguien pudiera obrar por fines exclusivamente económicos. «Despreciamos a quienes dan la impresión de que solo quieren ganar dinero»; «si a alguien le pidiéramos que nos escribiera sobre el dinero, nos propondría, con seguridad, la importancia de no dejarnos deslumbrar por él, y que es foco de muchos problemas»... «en el fondo, despreciamos el dinero».

Pero lo cierto y verdad es que, hoy por hoy, el dinero es una de las cosas importantes de nuestro tiempo:
- necesitamos el dinero para vivir;
- tenemos la casi completa seguridad de que con el dinero se puede comprar casi todo;

- nos da una tremenda seguridad;
- admiramos y envidiamos a las personas que han conseguido una fortuna;
- los medios de comunicación les dan, a las personas con dinero, un trato preferencial;
- hay primera clase, segunda clase en aviones, barcos, teatros...

En cierto modo, podríamos afirmar que ese es un fenómeno que se ha producido siempre en la historia, y que en todo caso, la aparición de la burguesía en un tiempo relativamente próximo, ha conseguido evitar en cierto modo esas grandes desigualdades.

Una radiografía social de nuestro tiempo arroja, como dato más definitivo, el carácter práctico, efectivo, racionalista y economicista necesario para considerar que una organización pueda obtener éxito. Consideramos que una estructura política es correcta si es eficaz, y lo es, si funciona la economía. Así en tantas otras instituciones.

El principal móvil de nuestro tiempo es el económico y eso impregna todas las realidades humanas.

CAPÍTULO 4
ANTONIO VÁZQUEZ VEGA

Los que estamos leyendo estas páginas somos hijos de nuestro tiempo. Vivimos en él, trabajamos en él, disfrutamos en él, lo conformamos e inevitablemente vivimos en sus pautas de comportamiento. Y entre esas pautas está el que esta es una sociedad que valora el dinero, lo cual no es malo ni bueno, sino neutro. De hecho, necesitamos el dinero para muchas cosas:
- nos permite adquirir los bienes necesarios para nuestro desarrollo;
- nos permite la tranquilidad de actuar y funcionar en nuestro entorno;
- nos permite adquirir los medios para el desarrollo de nuestros hijos;
- nos permite ayudar a causas buenas;
- nos permite disfrutar de un sinfín de cosas buenas y en muchos casos necesarias: vestir, viajar, ocio...

Por el contrario tenemos la experiencia de que la falta de dinero origina muchas situaciones difíciles:
- tensión;
- inseguridad;
- temor;
- miedo;

- discusión;
- carencia;
- desprecio.

Luego a la única conclusión a la que podemos llegar es a la de que el dinero como instrumento es algo bueno, necesario y útil, y que todos tenemos la obligación de conseguirlo, de mantenerlo y de administrarlo.

> *Tenemos la obligación*
> *de ganar dinero,*
> *mucho dinero,*
> *todo el dinero*
> *que podamos.*

El problema surge, como siempre, cuando esa actividad supera, anula, desborda... a todas las demás. Y eso es precisamente lo que está ocurriendo como uno de los principales peligros de las parejas jóvenes en la actualidad. Lo vemos aquí y allá. Hombres y mujeres que por dinero, por un exceso de trabajo, están corriendo el riesgo de perder el norte de su vida, el sentido de las cosas que, de verdad, valen la pena.

Y esto nos está ocurriendo a todos:

CAPÍTULO 4
ANTONIO VÁZQUEZ VEGA

- Los horarios de trabajo tienden a alargarse indefinidamente.
- No decimos que no a nada que suponga más trabajo o más dinero.
- Trabajamos los fines de semana.
- Obligamos a trabajar a nuestras mujeres: no bajo coacción, pero sí bajo presión.
- Renunciamos, por el trabajo, a los grandes momentos con los hijos, al descanso, a las amistades, e incluso a la intimidad con Dios.

Si uno echa un vistazo a nuestro entorno y observa a la mayoría de matrimonios jóvenes de nuestra época, necesariamente tiene que concluir que trabajamos mucho, muchísimo. ¿El motivo? Las necesidades, las necesidades grandes o pequeñas que cada uno nos hemos creado y que casi siempre van por encima de nuestras posibilidades. De hecho, si la mayoría de los matrimonios jóvenes repasan con honradez su vida, necesariamente tienen que concluir en la mayoría de los casos que no pueden trabajar menos pues si no no pueden vivir. Repasemos:

CASO A: Gastos mínimos de una familia con 2 hijos al mes. Caso básico

CONCEPTO	CANTIDAD (en euros)
Hipoteca	904
Gastos de comunidad	79
Luz	25
Agua	25
Teléfono	43
Gas	31
Comida	341
Amortización del coche	181
Gasolina	90
Ropa	60
Total	1.779

Caso B: caso básico añadiendo asistenta, un coche más, seguros médicos privados, y colegio de los niños

CONCEPTO	CANTIDAD (en euros)
Hipoteca	1.204
Gastos de comunidad	79

CAPÍTULO 4
ANTONIO VÁZQUEZ VEGA

CONCEPTO	CANTIDAD (en euros)
Agua	25
Teléfono	42
Móviles	42
Gas	31
Comida	341
Amortización del coche (2 coches). Crédito y seguro	362
Gasolina	91
Ropa	91
Colegios (301 x 2)	602
Asistenta	543
Seguros médicos	241
Club social	73
Total	3.767

CASO C: Caso b añadiendo vacaciones, regalos de Navidad, cenas por la noche, tabaco, impuestos y ayuda a alguna entidad benéfica

CONCEPTO	CANTIDAD (en euros)
Hipoteca	1.205

ALGUNOS ASPECTOS QUE NO DEBEMOS OLVIDAR

CONCEPTO	CANTIDAD (en euros)
Gastos de comunidad	79
Luz	25
Agua	25
Teléfono	43
Móviles	43
Gas	31
Comida	341
Amortización del coche (2 coches). Crédito y seguro	362
Gasolina	120
Ropa	91
Colegios (301 x 2)	602
Asistenta	542
Seguros médicos	240
Club social	73
Tabaco	61
Contribución ayuda benéfica	13
Vacaciones (Prorrateo entre todos los meses)	301

CAPÍTULO 4

ANTONIO VÁZQUEZ VEGA

CONCEPTO	CANTIDAD (en euros)
15 día en verano 5 días en semana santa 3 días en Navidad	
Cenas	61
Regalos de Navidad	31
Impuestos	61
Total	**4.350**

En estos presupuestos no están incluidos los extras que son los aspectos que más condicionan la economía de cualquier casa.

Los números nos aterran. De hecho cualquier matrimonio con el que hablas te comenta que cuando se casó los números no le salían, y ahora que han pasado 4, 5 o 6 años desde entonces se da cuenta de que jamás podría haber soportado el ritmo de gasto que llevan.

Pero continuemos. El dinero termina condicionando:

— a nosotros mismos,
— a nuestra relación con los demás,
— a nuestra familia.

El dinero y nosotros mismos

Necesitamos ganar dinero. En algunos casos mucho dinero. Lo veíamos en los presupuestos de hace un momento: casa, dos coches, domiciliaciones, ropa... El peligro es obsesionarse tanto con el hecho de querer ganar más, como por el temor de perder lo que tenemos o de no poder mantenerlo, o la angustia que nos produce no tener más. Y en cualquiera de esos casos, las personas nos ponemos nerviosas, perdemos la paz y tenemos comportamientos raros. Es curioso observar, por ejemplo, que en muchos casos, quien menos tiene es quien más da...

La clave reside en saber estar por encima del dinero cuando se tiene y cuando no se tiene, porque en ambos casos, genera problemas.

Cuando se tiene (y no hablamos de cantidades millonarias) porque las cosas en el ámbito personal se ponen mucho más complicadas:

— resulta difícil no creérselo, no pensar que estamos a otro nivel;
— es más complicado valorar a los demás;
— parece mentira, pero se hace más difícil el desprendimiento;

CAPÍTULO 4
ANTONIO VÁZQUEZ VEGA

— inevitablemente sentimos mayor compasión de nosotros mismos que nos permite justificar casi todo;
— relaja nuestro propio nivel de moralidad;
— casi siempre vendrán otras cosas (sufrir nos toca a todos).

Pero cuando no se tiene, también hay que saber estar por encima, para no convertirlo en un problema:

— no podemos angustiarnos, porque ese no tener es una oportunidad espléndida de aprender a ser feliz sin apoyarse en los medios materiales;
— son situaciones que suelen ser pasajeras y son al tiempo momentos de madurez personal;
— suele representar un momento de estímulo y superación;
— al final, las cosas siempre salen.

Si al dinero le dejamos funcionar a sus anchas, terminará por llenar gran parte de nuestra vida personal convirtiendo nuestro trabajo y nuestra profesión en algo que lo llena todo:

— dejamos de leer;
— vamos perdiendo amigos que no sean los del trabajo;

— disfrutamos poco de las cosas: un paseo;
— dejamos nuestras actividades de ocio;
— aparcamos a Dios.

*Luego el dinero,
en la vida personal de cada uno,
tiene el peso que cada uno le quiera dar.
Luego tendremos que pensar
qué peso queremos darle sea el que sea.
Lo triste es que vivamos
sin haberlo pensado.*

El dinero y los demás

Ayer vi en el telediario una imagen que me dejó estremecido. Desde entonces en varios momentos se me ha venido a la cabeza y me sigue impresionando con igual fuerza pues sé que en este preciso instante en que escribo y en el que el lector me lea, ese hecho se está volviendo a producir y ¡no sé qué hacer para evitarlo!

Las imágenes que nos mostraban en la televisión eran sobre Sudán donde la población, desde que se inició la guerra, sumando a las inundaciones, y a que todo el dinero de las ONGs se ha ido para la reconstrucción de la antigua Yugoslavia, se mueren a

CAPÍTULO 4
ANTONIO VÁZQUEZ VEGA

millares cada día, no tanto por la guerra o el conflicto, sino de hambre.

La cámara nos mostraba un poblado de indios. Era patético. Muertos por todas partes, mujeres tirando de sus hijos, y niños, muchos niños. Raquíticos, esqueléticos, la mayoría con el estómago hinchado por el hambre y el resto del cuerpo escuálido.

De pronto, la cámara se detuvo en una esquina. La imagen duró apenas unos segundos. Dos niños, de aproximadamente dos y cinco años estaban tumbados en el suelo, de cara uno frente al otro. Estaban tan débiles que apenas se podían mover. El calor debía de ser infernal y las moscas estaban por todas partes. Debían ser cientos y no paraban de revolotear. Los niños permanecían quietos. Solo el mayor ponía su mano entre su cara y la del otro niño para tratar de que las moscas no se posaran en la cara del más pequeño. No vi más.

Supongo que cuando escribo estas líneas esos dos pequeños ya habrán muerto. Como tantos miles lo hacen a diario. Y solo me queda el consuelo de pensar que mi fe me da la seguridad de que los dos estarán disfrutando ahora de un cielo muy grande, porque no merecen más que cielo, un montón de cielo.

ALGUNOS ASPECTOS QUE NO DEBEMOS OLVIDAR

He pensado en los demás. En los que nos quedamos aquí, viendo los telediarios. Nos hemos acostumbrado a todo, lo hemos visto todo. De hecho, los responsables de marketing de las grandes compañías ya no saben qué hacer para impresionarnos en una campaña publicitaria, y es que la vida casi siempre supera a la ficción.

Tal vez, cuando vemos una cosa de esas nos salta la indignación. Es posible que hasta hagamos algún comentario:

—Claro, como allí no hay petróleo, pues nadie hace nada.

Y nos quedamos tan anchos pensando que no hay derecho a los políticos que tenemos, como si el que esos dos niños mueran, fuera culpa de los Estados Unidos.

Que esos dos niños mueran, supongo que no es culpa de nadie, que es lo mismo que decir que es culpa de todos. Las cosas son como hacemos que sean y el que sean de una manera u otra depende de nosotros. Y si nosotros queremos que sean distintas, serán distintas. Decía Chesterton: «Dadme diez hombres y cambiaré el mundo».

La mayoría de las personas que estamos leyendo estas páginas somos unos privilegiados.

CAPÍTULO 4
ANTONIO VÁZQUEZ VEGA

Por muy ajustada que pensemos que está nuestra economía no nos damos cuenta de que somos un 2% de la población mundial. Que la gente no tiene, ni lejanamente, los medios y las posibilidades que nosotros tenemos.

La gente lo pasa mal. Muy mal. Hay pobreza. Mucha, muchísima más que riqueza. Lo normal, lo habitual a la mayoría de la humanidad, es la pobreza más que la riqueza. En este instante, en este preciso momento en que estamos leyendo, hay niños y niñas con la edad de nuestros hijos pequeños muriéndose de hambre, llorando de manera ininterrumpida porque tienen hambre, y sus padres, hombres y mujeres como nosotros, pasando el peor de los sufrimientos, el de ver a sus hijos morir enfermos, con hambre, con frío, con dolor... y no pueden hacer nada.

Vivimos en un mundo que se hace pequeño. Las cosas que ocurren en el otro hemisferio las conocemos de manera inmediata, casi al instante, y eso hace, o al menos debía hacer que nada de lo que ocurre en la Tierra nos sea ajeno. Y eso exige un compromiso con la sociedad, porque si no nos comprometemos nosotros, los que estamos conformando las cosas, no se compromete nadie.

ALGUNOS ASPECTOS QUE NO DEBEMOS OLVIDAR

El grado de compromiso de cada uno será el que cada uno quiera. Excusas para no hacer nada hay millones. Yo te doy unas cuantas por si no se te ocurren:
— es que no se reparte bien;
— es que no sirve de nada;
— es que ya tengo demasiadas obligaciones en casa;
— es que al final se lo quedan unos pocos;
— es que las cosas no se hacen así;
— es que no es más que alargar su agonía...

Hay que mojarse. Las cosas de este mundo están esperando que demos un paso al frente todos. No olvides que en esto como en el amor

todo lo que no se da,
se pierde.

¿Cuánto hay que dar? Cada uno verá. Yo tenía un amigo que decía que estaba seguro de dar bastante cuando cada vez que lo daba decía entre dientes:

—Vaya, esto realmente me hace daño en la cartera...

Buena señal. Aquello le estaba costando de verdad, y al final lo daba. Pues en esto es igual. Antes, la Iglesia hacía una sugerencia y hablaba del diezmo y la primicia, es decir lo primero de cada cosa o el diez por ciento de lo que se tenga. Pero es tan discreta la Iglesia que ni siquiera quiere sugerir, lo deja a la conciencia de cada uno, y esto de las conciencias debe de ser un tema donde vale de todo porque conozco muy pocos que den un diez por ciento de lo que tienen.

El dinero y la familia

No es problema de dinero.

Tenemos problemas. Estamos convencidos de que tenemos problemas. Que somos nosotros los que tenemos problemas. En el fondo estamos convencidos de que nuestros problemas no los tiene nadie. Y no se sabe por qué, creemos que si tenemos problemas es por falta de dinero. Que si tuviéramos dinero suficiente, no tendríamos problemas y miramos con envidia ese señor o esa señora rica convencidos de que gracias a su dinero pueden resolver sus problemas.

Hemos oído mil veces que el dinero no da la felicidad, pero lo decimos y pensamos con la boca pequeña. No nos gusta esa frase, nos parece poco afortunada y pensamos como el colmo de la felicidad, el que nos toque la lotería o las quinielas. No es que pensemos que el dinero de la felicidad, pero sí que con él podríamos solucionar muchos problemas, y con él conseguiríamos muchas cosas que sí nos darían la felicidad.

Ayer conocí una historia que me hizo pensar que las personas con dinero sufren y son tan infelices como los que no lo tienen. Me atrevería a decir que mucho más.

El episodio es un poco absurdo y por ridículo me sirvió para pensar que no andamos muy descaminados de nuestras afirmaciones.

La protagonista es una señora de Madrid con mucho dinero. Más que mucho dinero es lo que podríamos llamar multimillonaria. Por muchos esfuerzos que hiciera, yo creo que sería incapaz de gastarse en lo que le queda de vida el dinero que tiene, y que ese mismo problema van a tener algunas de sus generaciones.

De la señora no tenemos demasiados datos. No sabemos si tiene problemas o no, pero estamos convencidos que si tiene alguno, no es de dinero. De eso sí que estamos convencidos.

CAPÍTULO 4
ANTONIO VÁZQUEZ VEGA

Pues bien. Una persona bastante cercana a ella, me contaba ayer que la señora en cuestión lleva un mes hecha polvo, que no levanta cabeza y que tiene un disgusto tremendo. La causa está en una exposición donde vio un cuadro del que se encaprichó desde el primer momento. Inmediatamente habló con la galería para comprarlo. Le gustaba mucho y estaba dispuesta a lo que fuera por conseguirlo. En la galería le dijeron el precio del cuadro, que no era nada excesivo, y menos para una persona con su capacidad económica. Pero ella prefirió tratar de regatear y le pidió a la galería que le bajara el precio. La galerista le dijo que no podía pues ya tenía un precio muy ajustado, pero ella siguió presionando hasta que lanzó una última oferta diciendo que si no la aceptaban se quedarían sin que les comprara el cuadro, convencida en el fondo de que nadie se atrevería a comprarlo, y que el cuadro permanecería unos días más en la galería.

El final de la historia ya te lo imaginas: la señora volvió unos días más tarde y el cuadro estaba vendido y entregado, y la buena de nuestra amiga se sumió en una depresión que aún hoy le dura.

Este es un capítulo que podía dar para escribir varias enciclopedias y sobre el que existen excelentes manuales y es que el dinero, mal administrado, es uno de los obstáculos más serios que tenemos para la educación de nuestros hijos y para nuestro tono familiar.

Queremos lo mejor para nuestros hijos. Ahora bien, ¿qué es lo mejor? ¿Tenerlo todo?

Educar es acompañar a conocer la realidad. Posiblemente esta es la mejor definición de educación de cuantas existen. Acompañar a conocer la realidad, lo cual no es dejar que nuestros hijos la conozcan por libre, ni imponerla. Ahora bien. ¿Qué realidad es la que acompañamos a conocer a nuestros hijos?

El nivel de vida, en general, ha mejorado:

— los coches en los que vamos son distintos (todos tienen aire acondicionado, las autopistas son mejores, tienen mayor confort y más espacio);
— las comidas han cambiado también: basta con mirar la nevera de cualquier casa: petti sui, yogures naturales, yogures de sabores, zumos de todo tipo, quesitos, mermeladas, flanes, helados, galletas de cuatro tipos diferentes, maíz de seis variedades...;
— las vacaciones y los ratos de ocio han mejorado: cualquier cumpleaños se celebra en una

CAPÍTULO 4
ANTONIO VÁZQUEZ VEGA

hamburguesería como si fuera una Primera Comunión y las vacaciones son cada día mejores;
— los regalos de Reyes y cumpleaños son un auténtico ejemplo de imaginación por parte de las grandes superficies;
— los niños de nuestra época, ya no sueñan con que Wald Disney saque una película de cine, pues saben que muy pronto tendrán el vídeo.

Inevitablemente queremos dar a nuestros hijos lo mejor y eso nos lleva a hacer auténticos esfuerzos por darles cada día más sin darnos cuenta de que tal vez eso no sea lo mejor. A un hijo debemos darle lo que pueda asimilar de modo que le sirva para su formación, para que valore las cosas, para que las sepa disfrutar y sea feliz en su uso.

Un niño puede ser feliz o triste con una pelota hecha de papel de periódico o con el ultimo balón de la casa Nike. Todo dependerá de lo que ese balón en un caso u otro represente las posibilidades que le abramos con esa ilusión.

En todo caso, hay una regla de oro que casi nunca falla. Por llevar a nuestros hijos un poco cortos de dinero y de bienes materiales no les va a pasar nada y en cambio si les llevamos un poco largos es muy posible que ocurran muchas cosas que no queremos que ocurran.

El dinero no es un buen aliado para la educación y menos para la familia, por mucho que nos intentemos justificar diciendo que a nosotros no nos afecta, entre otras cosas porque no tenemos un duro.

Para esto no hay más que una fórmula, y es la de tener la sensación de que estamos luchando continuamente para que no nos afecte. Bastará que bajemos un poco la guardia para que se produzcan mil manifestaciones de que al final nos ayuda poco y excusas buenas y estupendas las tenemos todos. Algunas ideas:

SÍNTOMA	RAZÓN DE SER
Ropa cara.	Dura más.
Gasto 120 € en la compra.	Pero la hago en DIA que es más barato.
Videoteca de los niños: mínimo 25 títulos.	Lo tienen todos los niños.
Fiestas de cumpleaños (en torno a las 240 €).	Lo hacen todos los amigos.
Los niños escogen el postre y opinan sobre las comidas.	Mientras coman.

CAPÍTULO 4
ANTONIO VÁZQUEZ VEGA

Los niños llaman al móvil de sus padres.	Así tengo la confianza de que me llaman.
Reyes Magos (en torno a las 180 €).	Los juguetes están carísimos y es una vez al año.
Clases particulares de música, tenis, vela, idiomas.	Preparación profesional.
Golosinas sin motivo.	Se están portando bien.
TV en el cuarto de los niños.	No molestan mientras la ven.
3 balones de fútbol.	Se los han regalado.
Fin de semana: vídeos, cine, parquelandia.	Se hacen eternos.
Los juguetes desordenados.	Es su cuarto.
Videoconsola.	La tienen todos.
Canal satélite o vía digital.	Es por el fútbol.
Cenas fuera de casa.	Es para desconectar.
Güisqui al terminar el día.	Tonifica y sube el tono vital.
17 pares de zapatos.	Es en función de la prenda.
17 jerséis.	En función de los zapatos y la mitad son para tirar.
Llamar desde el móvil en un supermercado a una amiga.	Comentar una oferta.

PARA PENSAR
PARA ACTUAR...

Para recordar...

- Se quiere con la cabeza y con el corazón.

- Es un amor para siempre, para siempre. ¿Puede ser un amor verdadero de otro modo?

- Un hombre es un hombre y una mujer es una mujer, y mientras no nos demos cuenta hasta qué punto somos diferentes pasaremos unos cuantos malos ratos.

Para leer...

Gloria Elena Franco, *La comunicación en la familia.* Col. Hacer Familia, nº 72. Ed. Palabra.

Para pensar...

- El matrimonio es un juego que no es en base cero: unas veces ganamos, otras perdemos, pero al final no tienen por qué estar las cosas equilibradas, y qué bueno si en el balance hemos dado más.

- El motor sexual más importante del hombre y la mujer es la cabeza.
- Flexibles en casi todo, inflexibles en dos o tres cosas.
- Para comunicar hay que escuchar.
- Es el camino que Dios ha puesto para llegar al Cielo.

Para hablar...

- Lo que hablamos nos acerca, lo que no nombramos nos aleja.
- Hablar de sexo, de tu modo y su modo de entenderlo, que casi siempre es distinto.
- El dinero cada día compra menos cosas y sin querer nos roba lo mejor que tenemos.
- Las bases de nuestra relación son algo tan íntimo, tan nuestro que no ha existido en la historia una sola relación igual a la nuestra.

Para actuar...

SITUACIÓN:
Hacía menos de un mes que se había casado. Charlamos del trabajo, de cómo estaban acondicionando la casa, de lo bonito que había resultado la boda... estaba sereno, pero sin entusiasmos. Le conocía desde hace tiempo y sabía que algo le tenía preocupado. De pronto, se quedó callado unos segundos y como quien lo ha pensado mucho antes de decirlo, comentó:
—Me he confundido.
—¿Cómo dices? –preguntó mi amigo, como creyendo no entender.
—Sí. Que me he confundido con mi mujer. En menos de un mes me he dado cuenta de que no he elegido bien, y que ella no es la mujer con la que me tenía que haber casado. Ya sé lo que vas a decir. Es buena, amable, guapa... pero somos dos personas totalmente distintas en todo. Nos hemos equivocado. No me preguntes por qué no me he dado cuenta antes, porque no lo sé. Creo que entonces lo intuía, pero ahora cuando no han transcurrido ni treinta días como marido y mujer, me doy cuenta de que en la decisión más importante de mi vida me he equivocado de esquina a esquina.

OBJETIVO:
Hay que salvar esta situación. El matrimonio es una decisión para siempre.

MEDIOS:
Cabeza, cabeza, cabeza. Luego cariño, cariño, cariño... hasta darse cuenta que donde no hay cariño, si lo pones, obtendrás cariño.

MOTIVACIÓN:
Los hombres y las mujeres somos responsables de las decisiones que tomamos en nuestra vida y las llevamos hasta el final.
Los hombres con fe confiamos en que Dios juega de nuestra parte y que incluso las realidades que más nos pueden confundir, al final Él la transforma y las cambia.

HISTORIA:
Ahora han pasado casi treinta y cinco años. Siete hijos, cerca de veinte nietos, y un montón de vivencias. Han sido ejemplo para cientos de matrimonios y parejas. Han dado consejos y contado experiencias de su andadura; el testimonio, ancho y grande, de lo que son capaces de hacer un hombre y una mujer cuando se quieren.
Son ellos los que, con su ejemplo y esfuerzo, hacen que la familia sea algo en lo que vale la

pena creer, luchar y confiar... Son ellos los que demuestran día a día que las cosas están esperando un nuevo modo de ser vividas... Son ellos los que con su vida están sabiendo educar a los hombres y mujeres del siglo XXI.
Ahora, desde esa cabecera donde la vida les ha situado, les gusta recordar y callar. Hay tantas cosas del pasado que solo se pueden evocar... Lo han luchado cada día, cada minuto, cada instante. Como si la vida se hubiera empeñado en no dejarles ni un segundo sin esa lucha. Y la cabeza agolpa, sin orden, los mil momentos de una vida sin descanso.
El rumor de la casa es ajetreado. Siempre hay alguien. Hijos, nietos, sobrinos... es como si todo el mundo se sintiera a gusto allí. Apenas hay algún día en que no se pasen unos amigos o simplemente unos viejos conocidos a verlos. En realidad no vienen nunca a nada, pero al final terminan contando su caso, sus penas y sus desvelos.
—No, si no queríamos más que saludaros. Pasábamos cerca y... en realidad, había un tema que nos gustaría contaros.
Y la charla se hace larga y densa. Al final, la despedida es siempre agradecida.
—De verdad, qué buen rato hemos pasado. Se está tan bien aquí. Nos vamos muy animados porque este tema nos tenía... nos dais envidia,

se os ve una familia tan unida. ¡Qué suerte tenéis y qué gracias tenéis que dar a Dios por ser así!
Y es verdad. Vuestra casa se ha convertido en centro de atracción para todos. Grandes, mayores, chicos y pequeños. A todos les gusta estar allí. No es algo nuevo, ocurre desde hace más de 30 años.
Al final de cada día, cuando el bullicio se para, y cada uno se va marchando, os quedan unos momentos para estar solos. De siempre sabéis que son los mejores, tal vez porque se entiende entonces lo importante que es algo tan sencillo como estar.
La vida va declinando la fuerza en vosotros. No os falta ilusión ni encanto mientras, inevitablemente, es ley de vida, los pasos se hacen más cortos y los movimientos más lentos. Y la vida, la de siempre, queda en vuestra mirada, testigo fiel de una voz siempre enamorada.

PARTE TERCERA "C"

Solo hay un aventurero en el mundo, como puede verse con diáfana claridad en el mundo moderno: el padre de familia. Los aventureros más desesperados son nada en comparación con él. Todo el mundo moderno está organizado contra ese loco, ese imprudente, ese varón audaz que hasta se atreve, en su increíble osadía, a tener mujer y familia. Todo está en contra de ese hombre que se atreve a fundar una familia. Todo está en contra suya. Salvajemente organizado en contra suya.

Péguy

El que da, al final, recibe.

HACER FAMILIA

PARTE TERCERA

CAPÍTULO 5

DE LO MÍO A LO NUESTRO

De lo mío a lo nuestro

Yo, lo que quiero, es que alguien me entienda

Son las nueve menos cuarto de la noche. La última media hora, en la oficina, has terminado la propuesta en un auténtico tiempo récord, pero cuando ha llegado el momento de imprimirla... todo se ha ido al garete.

—Es que la secretaria a las seis en punto lo deja todo. Mira que le he dicho que dejara escrito cómo se imprimía desde su ordenador.

Has ido de un ordenador a otro, tratando de imprimir pero sin resultado. Al final te has encontrado con una compañera de trabajo, a la que casi con súplicas le has preguntado si sabe cómo imprimir desde otro ordenador.

CAPÍTULO 5
ANTONIO VÁZQUEZ VEGA

—Espera, termino esto en cinco minutos y te ayudo.

Cinco minutos, Dios mío. Ella no sabe lo que suponen cinco minutos. Es verdad que no es nada, pero son cinco minutos más.

Al final lo has conseguido. Has ordenado los folios y los has dejado encima de la mesa de tu secretaria con un cartel bien grande en el que dice que esa propuesta tiene que salir mañana a primera hora por correo urgente.

El abrigo te lo pones por el camino. La cartera abierta con los últimos papeles saliéndose cuelga de tu mano, mientras entras por los pelos en el ascensor. Allí van un par de buenos amigos del departamento fiscal.

—¿Terminas ahora?

—Sí, ya ves, tenía que dejar una propuesta hecha. Mañana me voy a Barcelona.

—Te tomas algo con nosotros.

—No puedo, llego tarde a casa.

—Anda, vaya padrazo que estás hecho –comentan *ambos con sorna.*

—Ya os tocará.

—A nosotros, por ahora no hay quien nos quiera. Qué se le va a hacer, y mientras tanto hay que aprovechar la vida.

DE LO MÍO A LO NUESTRO

No has respondido. Como una exhalación has corrido hacia el garaje. Hay que ver lo que tarda esta maldita puerta metálica en abrirse. Siempre has pensado lo mismo sin advertir que son apenas 15 segundos lo que tarda en estar totalmente abierta. Durante ese tiempo vienen a tu mente los minutos que has pasado a lo largo del día hablando en los pasillos con gente. En el fondo han sido pocos, pero ahora te parecen una eternidad y piensas que si los hubieras aprovechado mejor ahora no tendrías que correr.

Los Bulevares están atascados. Es increíble. Siempre lo están. Da igual la hora, pero siempre hay jaleo. Los semáforos se encienden y apagan una y otra vez sin que apenas avances unos metros. ¿Qué estará ocurriendo? Da igual. Siempre es lo mismo. Resignado enciendes la radio. Lo que ponen no te gusta. A esas horas no hay más que comentarios a las noticias del día y estos casi siempre son para criticar. Criticar, no quiero escuchar más críticas, quiero escuchar cosas positivas.

Los minutos pasan. No tienes más remedio que aceptarlo, y el pensamiento se escapa de un lado para otro... Se agolpan las ideas. Te ocurre con frecuencia siempre que llevas prisa. No puedes

CAPÍTULO 5
ANTONIO VÁZQUEZ VEGA

pensar en un tema con calma. Más bien saltan uno detrás de otro sin ninguna razón de continuidad.

No. Este no es un modo de vida. Muchas veces, las pocas que has tenido calma, te has razonado con seguridad que ese no es tu estilo de vida. Es más, siempre has despreciado a esos yuppies pasados de moda que van por la vida con la continua sensación de llegar a todo sin llegar a nada. Lo criticas y piensas de verdad que esa no es la vida, y admiras poderosamente a esa gente que ha llegado a ser alguien importante en la vida sin necesidad de ruido ni jadeos.

Lo tienes claro todo, o al menos siempre has estado convencido de ello. Debes ser un buen profesional, si cabe el mejor; debes ser un buen padre de familia que sabe sacar los mejores momentos de su tiempo precisamente para sus hijos; debes ser un esposo modelo, un amigo de tus amigos, un hombre de sociedad. Debes ser sano y deportista; debes preocuparte de las cosas de quienes te rodean y debes saber mirar a Dios. Lo sabes, claro que lo sabes. Son metas, las tuyas, ciertas como puños, en las que has pensado mil veces y las que consideras los verdaderos estandartes de tu vida...

DE LO MÍO A LO NUESTRO

Y en realidad, donde estoy al final es en un atasco, con el convencimiento de que los niños llevan ya más de media hora dormidos, y a tu mujer la cara se le habrá ido cambiando a cada minuto. La propuesta la has tenido que cambiar dos veces porque al majadero de tu jefe no le ha dado la gana de leerla la primera vez y al mejor de tus amigos le has cambiado tres veces la cita para comer. No recuerdas la última vez que has podido jugar un partido de tenis y en la mayoría de las cenas a las que acudes estás tan cansado que solo puedes imaginar esa dichosa hora en la que te meterás en la cama.

Ya parece que has cogido la autopista. Los coches en Madrid van demasiado deprisa. Voy a 140 y tengo un BMW detrás dándome las luces para que le deje pasar. No debería correr con el coche hasta que le cambie el aceite, pero es que no sé cuándo podré hacerlo. Te has metido por entre dos coches con el tiempo justo, sin calibrar ni remotamente el peligro de lo que has hecho y has cogido la desviación al doble exacto de la velocidad que indica en la señal. Esta carretera te la conoces bien. Si se hiciera un circuito de competición aquí, te llevarías el gran premio, pero los caballos de tu coche tampoco son precisamente para la alta competición.

CAPÍTULO 5
ANTONIO VÁZQUEZ VEGA

Tienes 34 años. Dentro de unos días cumplirás los 35. 35 años ya. Qué barbaridad. Hay quienes dicen que es la edad de la plenitud del hombre. Vaya plenitud. ¡Qué suerte! La puerta metálica del garaje está abierta y has podido entrar y aparcar casi de un frenazo. Llamas al ascensor sin dar la luz. Vaya, está en el tercero. Siempre está en el tercero. Si es que las vecinitas estas son insoportables. Una y otra vez das al botón y no baja. Nervioso golpeas las puertas con la llave para que dejen libre el ascensor. Al fin parece que baja. Qué lento es. Estos son esos preciosos minutos que hacen que llegue aún más tarde a casa. Eso es lo que mi mujer no puede entender. Si la tonta de la vecina se pasa 10 minutos despidiéndose del novio con la puerta del ascensor abierta, pues así es muy difícil llegar pronto.

Al fin has puesto la llave en la cerradura de casa. No se oyen ruidos dentro. Los niños deben estar dormidos. Antes de cruzar el umbral, has mirado al cielo y pedido a Dios que te mire.

—Ya estoy aquí –has comentado en voz alta.

—Quieres hablar bajo –responde tu mujer–, acabo de dormir a los niños.

—Perdona, no lo sabía –has dicho mientras te has acercado a ella para darle un beso.

DE LO MÍO A LO NUESTRO

Tu mujer se ha ido directa hacia la cocina. Tú, que la has seguido, has escuchado decir a la asistenta que cenamos de inmediato. Luego volviéndose hacia el cuarto de estar ha comentado sin mirarte.
—Habías dicho que estarías aquí a las ocho.
—Tienes razón –has respondido sin mucha seguridad–, pero es que me he liado con una propuesta que...
—Ya, y no podías haber llamado para decirlo.
—Tienes razón.
—Tienes razón, tienes razón –repite con desprecio–, he tenido despiertos a los niños hasta hace cinco minutos para que los vieras y al final los he tenido que llevar a la cama porque ya no podía más.
—Lo siento.
—Lo siento. ¿Tú sabes cómo están los niños de nerviosos a estas horas, lo cansados que vienen del colegio...? Podían estar dormidos desde las ocho y media.
—Lo siento –repites con claro sentimiento de culpabilidad.
—¿Qué tal se han portado esta tarde? –preguntas tratando de cambiar el tema.

CAPÍTULO 5
ANTONIO VÁZQUEZ VEGA

—Carlos y Laura muy bien, pero tu hijo Miguel fatal.

Siempre has odiado esa expresión. Cuando tu mujer quiere expresar algo malo de los niños siempre dice tu hijo... como si ese rasgo de maldad fuera algo directamente heredado de ti.

En ese momento entra en escena Pablito. Tiene 3 años y está hecho un muñeco con el pijama de ovejitas. Tu primera reacción es la de querer abrazarlo y sentarlo en las rodillas para que te cuente cosas, pero no puedes. Hay que poner autoridad.

—Pablito, ¿qué tal te has portado hoy?

—Mal –responde el niño sin grandes sentimientos de culpabilidad.

—Ya, tú lo que quieres es que papá se enfade contigo y te castigue.

—No papá, yo es que quería verte y estar contigo pero Lorena (la chica) no me dejaba.

—Bueno, papá ya está aquí y te va a llevar a la cama para contarte un cuento.

Lo has cogido en brazos y te has ido a su cuarto. Carlos, el mayor, y Laura la pequeña, duermen. Siempre lo hacen desarropados. No te importa. Nada hay en el mundo que te guste tanto como arroparles y darles un beso de buenas noches.

Luego te has tumbado en la cama de Miguelito para contarle un cuento. Casi siempre es el mismo. El del rey Arturo, y sabes que tienes que contarlo al pie de la letra porque si no tu hijo te corregirá.

—Existía un país muy lejano en donde había un castillo que se llamaba el Castillo de Camelot...

Los ojos de tu hijo rebosan un brillo especial que solo saben poner los niños. Te mira ensimismado y sabes que a tu lado se siente feliz, que nada en el mundo le preocupa; y entre frase y frase del cuento le vas dando besos rápidos, que casi no los note, pero que a ti te van robando el corazón.

Y el rey Arturo, con todos sus soldados volvió de la gran batalla al castillo, y como todos estaban muy cansados, el rey les mandó que tenían que dormir, y todos se fueron quedando muy dormidos, dormidos, dormidos... porque estaban muy cansados y se les cerraban los ojos... y vas notando que los de él y los tuyos también van cayendo. Es como si toda la tensión del día se hubiera quedado en la puerta y no pudiera entrar dentro del cuarto. Al fin, los dos os habéis quedado dormidos. Él agarrado a su dinosaurio azul y tú agarrado a él.

Un suave zarandeo de tu mujer te ha recordado que debes ir a cenar. En esos momentos la cena te

CAPÍTULO 5
ANTONIO VÁZQUEZ VEGA

importa un bledo y solo quisieras ponerte el pijama y meterte en la cama, pero debes ir y vas.

Tercer plano de una misma realidad

Hasta aquí dos planos de una misma realidad. Nos casamos y advertimos que al hacerlo, hemos avanzado en uno de los aspectos que más ha influido en nuestra vida. Nos casamos, por el impresionante deseo de querer unir nuestra vida a la de otra persona, y juntos poner en marcha un nuevo y auténtico proyecto: crear una familia.

No es este un tercer plano de un recorrido que comienza cuando nos casamos. Más bien al contrario. Es un todo que justifica y penetra todo nuestro pasado, transforma nuestro presente y eleva nuestro futuro.

Cambiamos, luchamos, nos esforzamos porque amamos tanto a los nuestros que lo personal va perdiendo importancia. Nos unimos al otro tanto, que al final no entendemos nada que no sea construir juntos un futuro para ambos y para los que se unan a ese amor; y así en todo.

La familia es al final el auténtico escenario donde podemos darlo todo de nosotros mismos y el cristal que hace brillar el amor que hombres y mujeres hemos querido poner.

La familia de nuestro tiempo: un panorama

No hay ningún autor intelectual de peso que no defienda en su esencia el matrimonio y la familia como los claros pilares de cualquier sociedad, y es que al final «los problemas, aun los más gordos, tienen mejor solución en el seno de la familia». Ni tampoco hay ninguna concepción del mundo, ni religión, que no defienda de una manera radical el «valor fundamental» de la familia. Luego la familia es importante, muy importante y a cualquier persona que se le pregunte, nos responderá de inmediato que así es, y que la familia es mucho más importante que el trabajo, el dinero, las aficiones, las amistades y por encima de todo, de nuestros problemas. Sin embargo en el día a día es algo bien distinto lo que está ocurriendo en la vida de casi todos nosotros y el trabajo, el prestigio social, el dinero, las amistades y sobre todo, nuestros problemas, están por encima y por delante de nuestro matrimonio y nuestra familia.

De hecho, todos tenemos la experiencia de que eso es un error y vemos con admiración esas personas que han mantenido con trazo firme el que lo primero es lo primero, y compadecemos, con pena, esas otras que han ido dejando en el camino las cosas que de verdad importan. ¿Qué es lo que está pasando?

Posiblemente las cosas, como siempre, no son tan radicales y lo nuestro no sea ni uno ni otro caso. Somos personas casadas, con algún que otro hijo, que vivimos al día, con problemas y en familia, con prestigio social, dinero y familia... con un buen trabajo y una buena familia.

Al final, no tenemos más que una sola vida y un mismo corazón con el que amamos nuestro trabajo, a nuestra mujer, nuestros amigos, a nuestros hijos y a Dios.

Lo cierto es que al final, lo miremos como lo miremos, todos terminamos confirmando que la familia es algo importante, posiblemente lo más importante. Y no nos falta razón, como recoge el profesor Alvira en su libro *El lugar al que se vuelve* donde nos da algunas ideas del porqué:

— la familia es el lugar donde primero se aprende la confianza, eje fundamental de todas las relaciones humanas (ya sean sociales, económicas o políticas);

— la familia es, por esencia, la institución que recoge las cuatro grandes tendencias de interpretación ideológica: conservadora (pues deseamos mantenerla), social (pues en ella aprendemos a apreciar a los demás), liberal (pues cada uno alcanza en ella su propia personalidad) y progresista (pues es la institución del crecimiento);
— la familia es el único lugar en el que somos aceptados tal cual somos, y no por condiciones de inteligencia, simpatía, etc. Es de hecho el único lugar donde la persona puede realizarse a sí misma, tal cual es. Es el único lugar donde se dan las condiciones para que una persona, cualquier persona, puede dar el máximo de sí misma y de servicio a la sociedad.
— Pero la familia es al tiempo una institución que cumple tres funciones claves en el desarrollo de la sociedad:
  – económica: ninguno de los factores económicos puede desarrollarse si no es por y para la familia. De hecho ¿por qué trabajamos?, ¿quién distribuye los bienes de modo más justo y equilibrado que una fa-

milia?, ¿o quién ahorraría si no fuera por su familia?;
- educación: los medios de comunicación y los sistemas de aprendizaje pueden, y de hecho muestran, cómo deben ser las cosas, pero solo en la familia se aprende cómo debe ser y que hay que hacerlo cueste o no cueste (solo en la familia se adquieren esas condiciones);
- favorece la intimidad: sin la intimidad, el ser humano se dispersa, no puede adquirir la concentración que necesita para vivir la vida con intensidad.

Luego algo nos dice que esto de la familia es algo realmente serio, cuyos ingredientes merecen un pequeño, pero detallado estudio. Veamos algunos de los aspectos que la conforman.

Un lugar donde vivir

Cada casa tiene un sabor especial. Todas lo tienen. Un sabor especial y distinto que nos hace sentir que esa, precisamente, es la nuestra.

Al final, incluso los más despegados, buscamos un lugar donde vivir, un lugar al que, complacidos, llamamos nuestra casa.

Los anuncios de turrones en Navidad nos hacen llorar rememorando ese momento entrañable de regresar después de tanto tiempo, y todos, alguna vez, al descargar las maletas después de un largo viaje, hemos comentado entre susurros ¡qué bien se está en casa!

Nos sentimos a gusto, tranquilos. Las cosas, las que poco a poco hemos ido poniendo, quizá durante años, están en ese preciso lugar en el que quisimos situarlas, siendo un reflejo más de nuestro estilo de vida, de esa armonía interna que lo envuelve todo y nos ayuda un poquito a sentir que somos nosotros mismos.

Todos tenemos un lugar donde vivir. Más o menos grande, más o menos lejos, comprado o en alquiler, pero en fin, nuestra casa.

Posiblemente la de ahora no se parece en nada a la que teníamos en un primer momento. Acabamos de llegar. Ahora han pasado ya algunos años y cada rincón tiene las señas de identidad del tiempo que ha dejado en ella su impronta más característica.

Hay quienes dicen que se puede conocer a una persona viendo la casa en la que vive, y otros comentan que bastante tienen las familias de hoy con superar las dificultades de espacio, disposición y colocación de los arquitectos modernos que cada día hacen casas más pequeñas, impersonales y poco prácticas.

Sea como sea, al final es en ese espacio en el que nos tenemos que organizar, y resulta paradójico pensar cuántas cosas increíbles e importantes sucederán en esos ciento veinte metros cuadrados.

Necesitamos una casa. De eso no hay duda. De lo que en cambio sí que puede haber dudas es de que algunas casas ayuden precisamente a sentirnos realmente a gusto, y a que en ellas se den las condiciones necesarias para que se realicen tantas cosas importantes como, sin duda, se producirán.

Y es que hay personas que dan la sensación de haber puesto su casa teniendo más en cuenta los comentarios de amigos y conocidos, que no el que nuestra familia tenga espacios y comodidades suficientes para querer estar en casa mucho tiempo.

Inevitablemente nos gusta aparentar. Y eso nos pasa a todos sin exclusión. Nos encanta que unos y otros nos digan lo bien que la tenemos puesta, el gusto exquisito que tenemos para combinar las cosas o para rematar ese rincón, o la perceptiva con la que hemos sabido armonizar los muebles del salón. Nos encantaría, de hecho, tener la casa más bonita de todas, que no sería más que una manifestación más de gusto, talento y posición que hemos logrado en la vida.

Sin duda esa manera de pensar es buena y positiva, y dan pena esos hogares abandonados y descuidados que invitan a todo, menos a querer quedarse.

Ahora bien. Lo que no podemos es supeditar todas esas excelencias por encima de lo que es mejor para nuestra familia, y mucho más en los primeros años de matrimonio donde los niños parece que lo invaden todo. Resulta paradójico, que encima de que las casas que se diseñan en nuestros días son pequeñas, nosotros clausuremos la mejor habitación y la más grande de la casa, a la que llamamos solemnemente «el salón», y a la que solo se puede pasar con esmerado cuidado los días de fiesta o cuando viene una visita, mientras el resto de la familia lucha por vivir con cierta comodidad en los ochenta metros cuadrados restantes. Sin duda todos necesitamos un rincón para la intimidad, allí donde poder poner nuestras cosas, pero de ahí a que nuestra casa quiera aparecer en las revistas de decoración, hay

CAPÍTULO 5
ANTONIO VÁZQUEZ VEGA

un camino que puede conducir a que todos prefiramos irnos antes de escuchar las mil advertencias sobre el cuidado y orden de cada rincón.

Las casas, en su disposición, permiten o impiden que se vayan consolidando costumbres de familia. Si hay espacio, cómodo y agradable para poder estar todos, de seguro que estaremos todos. Pero si no existe, resultará casi milagroso conseguirlo.

—Es que ellos tienen su sitio para jugar y estar (la salita, el jardín, el cuarto de juegos...) y nosotros el nuestro (el salón, la cocina, la terraza o el dormitorio).

—Cada uno tiene su espacio. Ellos saben que en el suyo no serán molestados y nosotros que en el nuestro tampoco.

Y así, cada uno por su lado, *hacemos una familia que parece un modelo, cuando en realidad es un hotel bien gestionado*.

El hogar, como el resto de las cosas del matrimonio, exige desprendimiento; el de entender que lo práctico, en ocasiones no es lo más estético, y que vivir en el centro de Madrid puede ser muy cómodo para ir al trabajo pero resulta poco sano para nuestros hijos

> *Si hay un lugar
> al que podemos volver,
> volveremos.*

La llegada de los hijos

Tengo cuatro hijos

Al menos eso pone en el Registro Civil aunque en la mayoría de las ocasiones tengo la sensación de tener muchos más, a juzgar por el trabajo que dan. No sé si tendré más, confío en que sí, y no sé cuántos serán al final, pero los cuatro que tengo me han hecho respetar, admirar, valorar y ensalzar a los que tienen 1, 2, 3, 5, 7 o 25. Son los auténticos héroes de nuestra época.

En todo caso, siempre he considerado que con cuatro que llevo, estoy contribuyendo a la repoblación nacional, al sostenimiento de la enseñanza privada y a que usted y yo tengamos alguna esperanza de cobrar una pensión en el 2020. En fin, que soy un héroe de la época contemporánea como parece que se esfuerzan en decir los comentaristas y articulistas de nuestro tiempo.

Y con esa sensación y convencimiento he vivido hasta que ayer conversé con un amigo. Tiene 34 o 35 años. Siete hijos y está esperando el octavo. Pero lo más increíble es que el mayor tiene 10 años.

CAPÍTULO 5
ANTONIO VÁZQUEZ VEGA

En casa de mis padres éramos cinco hermanos y yo tenía la sensación de que éramos bastantes. En la mayoría de las familias de mi entorno éramos una cifra similar. Eso hace, tal vez, que en mi vida normalmente no me haya chocado ver familias numerosas. Pero de ahí, a una familia de ocho donde el mayor tiene diez años me hace predecir que no se va a acabar allí.

¡Ocho! Desde ayer que les vi no puedo dejar de repetir esa cifra. ¡Ocho! Eso es el doble de los que tengo yo ahora y ya me parecían bastantes. Será posible.

La verdad es que me avergüenza sorprenderme. ¿Y por qué no pueden tener ocho? Hay mucha gente que tiene uno o dos, y se planta, y nadie opina sobre ese asunto. Es algo personal e íntimo de esa pareja, como personal e íntima es su cuenta corriente, sus amistades o sus relaciones conyugales.

Hay una cosa cierta. No se van a sentir solos y es verdad que no se ven muchas familias con ocho, como tampoco se ven muchos eclipses solares, o genios en matemática.

En todo caso, esa es una decisión muy personal de cada pareja, y se equivocan quienes se ven con derecho, tanto para censurar que son muchos, como los que opinan que deben ser más. En el fondo son los intolerantes de nuestra sociedad a los que no les gusta nada que no se ajuste a su criterio personal.

Pero hubo algo que me llamó mucho más la atención que el número de hijos. Como te decía, en mi familia son cuatro niños, y como en todas las casas, hay momentos de cierta crisis. Son momentos en los que parece que los cuatro se hubieran puesto de acuerdo para llorar al mismo tiempo, querer la misma cosa o no querer nada de nada. Son momentos en los que es necesaria la atención de mi mujer, la mía, la de la chica y la del séptimo de caballería para poder controlarlos a todos.

Son esos momentos los que me hacen pensar que si en vez de cuatro, tuviera ocho, es posible que me cortara las venas o que hubiera salido en el periódico por abandono de familia. Pienso, entonces, que es imposible tener ocho y atenderlos bien e imagino que esas familias multitudinarias necesariamente responden a un cuadro de niños mal vestidos, en el que siempre hay uno o dos llorando, con churretes, travesuras de los mayores y metidos todos en un coche viejo que no quiere andar y que hecha humo por todas partes. Me imagino una casa desordenada, una madre gorda y desesperada y

CAPÍTULO 5
ANTONIO VÁZQUEZ VEGA

un padre rodeado de facturas al que las colillas ya no le caben en el cenicero.

Y eso es lo que me llamó la atención de esta familia. Todos iban impecablemente vestidos. De hecho iban todos a juego y verles era trasladarse fácilmente al mundo de «Sonrisas y lágrimas». El padre llegaba de jugar al tenis, mientras la madre había estado vigilando a las ocho bestias que se bañaban en la piscina. Ella era una monada. Con un tipazo que ya lo quisieran muchas niñas de dieciocho y con una sonrisa constante en la boca. De hecho, en toda la tarde que estuvieron en la piscina, no la vi dar un solo grito a los mayores aunque sí dos o tres carreras para evitar que el más pequeño se empeñara en beberse todo el agua de la piscina.

Nos quedamos hablando con ellos en el momento de recoger. Mientras charlábamos los más mayores (10, 9, y 8 años) iban recogiendo las cosas. Yo apenas podía atender a la conversación. Ensimismado miraba aquel coloso de buenas formas que con aquel orden y educación ayudaban a sus padres hasta que el colmo fue que el mayor se acercó a su madre y como quien los hace a todas horas preguntó:

—Mamá, a cuál de los pequeños voy duchando y vistiendo.

Hay un sitio para todos
(a los que no tenemos hijos)

Llegaron ayer por la noche. Serían las nueve y media. El vuelo venía con retraso como siempre y la espera se hacía impaciente. Paseos interminables y la vista fija, intensamente fija, en la pantalla de información. El vuelo de Moscú llegará aproximadamente en una hora.

Quienes esperan son los abuelos y los tíos. Bueno, más bien habría que decir los futuros abuelos y los futuros tíos, pues quienes vienen son dos niños rusos que acaban de ser adoptados por un matrimonio español. Se llaman Nicolás y Alexandra, son gemelos y apenas llegan a los dos años.

Las noticias que llegan de Rusia son preocupantes. Parece que después de confirmar que por fin podían ser adoptados, la burocracia moscovita parece dispuesta a paralizar un sueño que está a punto de hacerse realidad. Las últimas semanas han sido las peores. Las gestiones se hacían interminables. Los padres, porque ya lo son, han tenido que acudir a todos los conocidos habidos y por haber para agilizar las cosas. Y en todo caso, nos han pedido a todos que rezáramos, que lo hiciéramos a todas horas porque todos los apoyos son pocos. Y es que pensar

CAPÍTULO 5
ANTONIO VÁZQUEZ VEGA

en la cara de esos niños, en no poder tenerles al lado desde ya y poderles dar todo el cariño que solo unos padres pueden dar...

Esta vez han ido a buscarlos. Los viajes anteriores fueron simplemente para conocerlos y que los niños se acostumbraran a ellos. Este es el viaje definitivo. Vienen para quedarse. Nicolás y Alexandra ya tienen casa.

Los demás nos hemos limitado a escuchar la historia. A ser espectadores de un cuento, que desde el principio nos ha gustado. Les hemos pedido que nos cuenten detalles. Cada vez que les vemos, les preguntamos: ¿Qué? ¿Cómo van las cosas? Lo hacemos como quien preguntara a una embarazada qué tal lleva su embarazo. Y nos responden con la misma cara de ilusión.

—Ya, ya parece que está cerca.

Hoy ese momento viene a hacerse realidad. Alexandra y Nicolás están a punto de pisar suelo español. Un suelo que, desde ese instante será también el suyo, y que les abre unos horizontes insospechados.

Ya llegan. Padres y tíos notan que el corazón les palpita, mientras las lágrimas luchan por dar rienda suelta a la emoción. ¿Cómo serán? ¿Qué pensarán? ¿Se adaptarán bien?, ¿y pronto? No se sabe. Da igual. Hay todo un ejército de hombres y mujeres buenos dispuestos a depositar en ellos todo el cariño y el afecto que sean capaces de acumular y aún más si se puede. Les queremos ya. Les queremos muchísimo aun sin conocerlos. Y es que ya son de los nuestros.

Sus padres han preparado todo durante los últimos meses. Lo han hecho como cualquiera de nosotros lo hubiera hecho a la espera de la llegada de su primer hijo. De hecho se han cambiado de casa y aún muchos de los cuartos están llenos de cajas. Cómo nos cambia la vida la llegada de los hijos. Ya nada es igual ni volverá a serlo. La vida, desde hoy se complicará. Desde hoy el pensamiento les acompañará siempre, y desde hoy, toda esa capacidad de cariño de que es capaz del ser humano hará gala en la cara de un niño, nuestro hijo, el mayor y más principal motivo de vivir.

Los padres de Alexandra y de Nicolás morían en un accidente quedándose ellos al cuidado de las autoridades de uno de los países más pobres de nuestro tiempo. Hoy, un matrimonio español sin hijos hará que su existencia sea algo nuevo, lleno de vida.

Admiro a los padres que adoptan. Los admiro y en cierto modo les envidio. Envidio esa sensación de felicidad que debe quedarles al pensar que su generosidad está permitiendo cambiar la existencia de dos criaturas tan adorables.

Si alguna vez falto y falta mi mujer, solo confío que exista alguien, ruso, americano, iraní o australiano que tenga el corazón tan grande que le quepan todos mis hijos.

Costumbres de casa

Tú vienes de una familia. Él (ella) viene de otra. Es posible que ambas fueran familias con estilos muy parecidos. Mismos ambientes, costumbres y modos de pensar muy similares. En todo caso, ambos entendemos que esta familia que estamos formando es la nuestra. Nos gustó, nos encantó la que teníamos, sin duda. De hecho, hemos pensado tantas veces que el día que formáramos una familia, sería tal cual ha sido la que hemos tenido. Han sido tantos momentos... buenos, malos... que te han hecho llegar al convencimiento que una familia así lo puede todo.

Ahora, por fin, te ves formando la tuya. Casi no te ha dado tiempo a planteártelo. Las cosas han venido tan rápidas. De hecho no tienes un plan demasiado trazado. Sabes lo que te gusta, y le conoces a él (a ella) lo suficiente para saber que aquello o esto no le va a terminar de convencer.

Estamos formando nuestro hogar, con sus modos y costumbres. Un par de amigos de esos a los que respetamos por su trayectoria y experiencia, nos han dicho que es un momento muy importante, pues sobre esas bases se asentarán los principios de la convivencia. Sin duda, pero son ya tantas las cosas sobre las que nos han dicho que son importantes, que terminamos por concluir que todo es importante.

La casa la tenemos mínimamente puesta. La Lista de Bodas ha sido una ayuda excepcional. De la mano de tu madre te has pateando casi todas las plantas de la tienda donde la has puesto y sobre lo que es menaje, ropa de casa y muebles, lo sabes casi todo.

Realmente es admirable lo que supone llevar una casa. Siempre has admirado a tu madre, pero hoy entiendes que toda admiración es poca. ¿Cómo habrá sido capaz de tener siempre todo controlado?

No te da miedo y entiendes que si ella ha podido, tú también.

Lo de los horarios se hace algo más complicado. Jaime se levanta el primero, a eso de las siete menos

CAPÍTULO 5
ANTONIO VÁZQUEZ VEGA

cuarto. Cuando se marcha nos deja puesto el despertador para que nos levantemos a las ocho y cuarto. Yo soy la que doy de desayunar a los niños, los visto y los llevo al colegio. Es un momento estupendo pues a esas horas los niños tienen una vitalidad especial y no paran de contar cosas.

Jaime no viene casi nunca a comer. La oficina queda muy lejos y yo aprovecho esos ratos para hacer compras, quedar con las amigas o hacer mis cosas.

Las tardes suelen ser algo más tranquilas. La mayoría de ellas no tengo trabajo y me gusta esperar a los niños a la llegada del colegio. No siempre puedo. Que si las reuniones del colegio, unas compras de última hora, o un acto social... pero si puedo, no dejo de estar con los niños. Lo necesitan tanto a esta edad.

Jaime llega tarde casi todos los días. La verdad es que no sé por qué digo casi, pues es todos los días.

Los primeros meses teníamos broncas por este tema. Ahora ya no. Es un tema que he dado por perdido, y cuando hablo con las amigas me doy cuenta de que no soy la única. Más bien al contrario. Es la norma.

Cuando llega, los niños están ya dormidos. Tienen que madrugar mucho para ir al colegio. Al principio me daba pena que no los viera despiertos. Ahora casi lo prefiero. Se excitan tanto cuando le ven, que luego no hay manera de meterlos en la cama.

Cenar sí que cenamos juntos. Lo solemos hacer con bandejas. Es más cómodo y así le puedo decir a la chica que se marche a la cama (el servicio no está para bromas). Jaime llega con un hambre preocupante y le ponga lo que le ponga, siempre va a la cocina a por más. La verdad es que no soy una experta pero a este chico siempre le gusta lo mismo: pollo, espagueti, hamburguesa, salchichas y chorizo de Pamplona (eso le apasiona).

Por la noche hablamos poco. Solemos ver la televisión. Hay algunos programas con los que nos reímos y sé que a él le descansa mucho.

Al final nos vamos a la cama. Estamos tan cansados. En realidad nos vamos más tarde de lo queríamos, pero es un rato tan tranquilo. De hecho es el momento más tranquilo del día. Los niños durmiendo, la chica en su cuarto, el teléfono que no suena y la paz que da saber que cualquier cosa que debas hacer tendrá que esperar hasta mañana.

Te sueles ir a la cama después que él. De hecho es el momento que sueles aprovechar para hacer cosas realmente tuyas: lavarte el pelo, coser una falda, pro-

CAPÍTULO 5
ANTONIO VÁZQUEZ VEGA

bar unas cremas o leer una revista de las que te hacen desconectar. Respondía una psicóloga argentina a un periodista que le preguntaba por qué las mujeres siempre tardan más en marcharse a la cama:

—Pues porque es el primero y posiblemente el único momento del día que tienen para ellas, para sus cosas personales. Hasta ese momento lo que han hecho es estar ocupadas de las cosas del resto de la familia.

Por fin nos acostamos. Él ha repasado las puertas y ventanas de la casa, mientras tú sacas algo del congelador para comer mañana. Bueno comer, comer, la chica y el pequeño, pero es que a la cena los más mayores llegan con un hambre.

Rendidos ponéis el despertador. Será a las seis y media, a las siete o a las siete y media. Cualquier hora será dura. En fin, confiemos que ninguno de los pequeños se despierte. Y con esa confianza y la felicidad de pensar en ellos, os quedáis dormidos.

La vida de muchos de nosotros podría ser algo parecido a un día como este. Con mil historias diferentes, pero con un sinfín de parecidos en muchas cosas. Días que se parecen unos a otros como dos gotas de agua. Uno detrás de otro. Con la rutina de las cosas urgentes. Lo has pensado muchas veces. No es que te dediques a hacer excesivos planteamientos filosóficos, pero algo te hace pensar que la vida se va pareciendo cada vez más. *Y algo en el fondo, no te convence.*

  No hay tono ni dramático ni triste en tus pensamientos. Si cabe, algo de nostalgia. Estás convencida, intuyes, que la vida familiar tiene que tener algo más que la haga grande, ancha, profunda; que la eleve y la transforme hasta que te llene por completo, y confías que de alguna manera tú también sepas descubrir ese algo que hace que la vida familiar sea eso maravilloso con lo que has soñado siempre.

Hemos dedicado dos grandes capítulos de este libro a hablar de la importancia de hacerse uno, y de la clave de hacerse al otro. Y es que sobre esas bases se asientan las demás. Al final las cosas son como hacemos que sean, y nuestra familia tendrá miras altas solo si nosotros las tenemos. Con la familia, como con el resto de las cosas, tenemos que convencernos de que los horizontes son ilimitados, tanto como nuestra mirada alcance, y de sobra vemos a un lado y a otro del camino familias que se han ido al traste, mientras otras, por el contrario se van consolidando cada vez más fir-

CAPÍTULO 5
ANTONIO VÁZQUEZ VEGA

mes, unidas, felices... por fuertes que hayan sido las dificultades.

Ayer escuchaba a un amigo. Te he hablado de él en otras ocasiones. Te recordaré, simplemente, que tiene ocho hijos. Hablaba precisamente de ellos.

—Hay que ver lo que es llevar a los niños a ver un espectáculo de patinaje de hielo. Vete a por las entradas. Reúnelos a todos. Mételos en el coche y vete para allá. Espera la cola y convéncelos a todos de que están en el mejor de todos los sitios.

Por fin el espectáculo comienza, y entonces te olvidas de todo y ya nada te importa. No miras el espectáculo. Te quedas mirando la cara de unos y otros y entiendes que nada hay que te pueda llenar tanto, como verles felices; y te das cuenta de que lo que estás viviendo es algo indescriptible.

La verdad es que me habló de los niños y no de su mujer, pero mirándole a los ojos, entiendes que no es necesario.

Ya ves que en el fondo, disfrutamos lo que queremos disfrutar, y las cosas son como las queremos hacer.

Ahora bien, si descendemos al mundo de las cosas concretas, es cierto que hay algunas cosas muy precisas que ayudan a alcanzar esa «paz del hogar» y esa maravilla que supone «hacer familia». Me refiero a las costumbres de casa, esas peculiares cosas que nos distinguen de tantos y a las que todos en casa nos agarramos para sentirnos unidos. Nos dan seguridad y nos ayudan a que todos, pero cada uno a su manera, vayamos creciendo en familia.

Aquí hablaremos de algunas. Sin duda son muchas más las que no citaremos y tal vez más importantes. De las que hablaremos, es porque quizá están más de actualidad por la importancia de tenerlas en cuenta.

Los horarios

Recuerdo que la primera vez que asistí a un curso de educación infantil (de 0 a 3 años) una de las cosas en las que más nos insistieron era la importancia de que cuidáramos de modo casi escrupuloso los horarios con los niños. El tema nos sorprendió a muchos por la insistencia que ponían. De hecho, posiblemente varios de aquellos padres considerábamos que el tema tenía una importancia relativa, como podían tenerlo otras muchas cosas. A esa edad, pensábamos, los niños no razonan y por tanto no son demasiado conscien-

CAPÍTULO 5
ANTONIO VÁZQUEZ VEGA

tes de si las cosas suceden en un momento u otro. Pese a todo, el ponente insistió:

—Precisamente por eso, porque el niño no razona, es especialmente importante cuidar con él los horarios. De hecho es lo único que tiene, es la única referencia sobre la que él puede apoyar todas las demás cosas. Tener en cuenta que durante este período él está construyendo el edificio de su personalidad, de su razón, de sus pautas de actuación. De momento lo hace de un modo casi intuitivo, pero a una velocidad vertiginosa, y todas esas cosas que él va percibiendo necesita apoyarlas en algo. Y lo único que tiene es un horario. El resto de su tiempo lo pasa jugando, comiendo o durmiendo. Quitarle su horario y le habréis quitado su educación, y sobre todo le habrás quitado su seguridad.

Como puedes figurarte, nos convenció, y desde entonces cada vez que veo al pequeño de mis hijos pienso lo apasionante que podía ser estar dentro de su cabecilla durante al menos cinco minutos.

En todo caso, parece que esto del horario es algo importante y de modo particular en la familia. De hecho, de un modo u otro, en todas lo hay, y por poco que lo pensemos nos damos cuenta de que de verdad es algo necesario, y su existencia permite que la convivencia sea algo más fácil.

De hecho, si cada uno en casa se levantara y acostara a una hora diferente, y comiera cada uno cuando le venga en gana, pues el hotel en el que vivimos será algo bien gestionado, pero no una familia, aunque solo sea porque terminaríamos por no vernos ninguno.

No. Parece claro que en cada casa tiene que haber un horario de levantarse, acostarse, comer, cenar, ver la televisión o jugar en el jardín, y el hecho de que todos sepamos que existe nos evitará muchas discusiones.

Horarios. Tiene que haberlos. Los días de diario, que nos vendrán dados en gran medida, pero también los días de fiesta y los de vacaciones.

No tienen que ser algo rígido. Tienen que ser, simplemente. Cada uno el suyo. Ajustado a la situación, a los ritmos, a las circunstancias.

Escuchaba a un matrimonio catalán comentar que a ellos les gusta levantarse antes por las mañanas para poder desayunar todos juntos, y que de ese modo, todos los días aseguraba un rato para charlar todos los miembros de la familia. Fenomenal. Todos estamos convencidos de que eso es algo estupendo, por lo mismo que podemos suponer que si eso se lo cuentas a un madrileño, nos diría que para eso «tiene que volver a nacer» y aun así no estaría nada seguro de hacerlo. Cada uno tendrá sus costumbres.

Al principio cuesta. Cuesta levantarse temprano, como cuesta irse a la cama pronto. Cuesta que los niños tengan unos ratos marcados para ver la televisión (en vez de hacerlo a su antojo) como cuesta poner la mesa para cenar todos juntos. Cuesta hacer esa llamada más tarde, para quedarse un rato charlando en la sobremesa, como cuesta llegar media hora antes del trabajo.

Pero esas pequeñas cosas son la vida en común, lo que hace que ese curioso grupo sea una familia.

Además, en cuanto te acostumbras, te das cuenta de que no puedes vivir sin esas pequeñas cosas que nos dan a todos una gran seguridad.

Las comidas

Tengo una amiga que es profesora de cocina entre otras muchas cualidades. Eso, más o menos, quiere decir que cocina de absoluta impresión. La prueba más evidente de que es así es que cada vez que se le ocurre decir que va a organizar una cena en su casa no falla nadie. Pero si dice que es un desayuno o el almuerzo, ocurre lo mismo. Es más, si por el motivo que sea uno tenía ya comprometida la cena, la gente lo cambia, pero no falla nadie. En fin, que uno tiene el dichoso honor de pertenecer al glorioso club de los amigos de mi amiga, y pido a Dios que esa amistad me dure muchos años.

Dicen que a los hombres se les conquista por el estómago. Yo creo que eso ocurre tanto a los hombres como a las mujeres y a todo aquel que tenga buen apetito. En todo caso, lo cierto es que no se sabe muy bien, o sí se sabe, pero aquellos sitios donde se cocina bien, tienen una increíble capacidad de convocatoria. Y si no que se lo digan a cualquiera de los restaurantes de moda en nuestra ciudad.

Pues con las casas ocurre lo mismo. Cuando la comida que se hace en casa es mejor que la de Burguer King, Pinoccio o Zalacain, pues seguro que los miembros de la familia prefieren la comida de casa a la del mejor restaurante del mundo. Pero si la comida de casa es, en general, mediocre, recalentada o a base de perritos calientes, pizzas y hamburguesas, pues seguro que cuando surge la oportunidad de comer bien, nadie la desaprovecha por lejana que sea.

CAPÍTULO 5
ANTONIO VÁZQUEZ VEGA

La comida es un arte. Eso es lo que dicen algunos de los grandes cocineros. Un arte que exige oficio y tiempo, y sobre todo esfuerzo. Aprender un plato nuevo exige consultar o pedir la receta, conseguir los ingredientes y hacerlo con paciencia, y resulta mucho más cómodo hacer el que ya conocemos desde que teníamos los dieciocho años.

Todo lo que vale cuesta. Es lo de siempre. Vale, pues cuesta y pocas tareas hay tan ingratas en esta vida como pasarse la mañana entre los pucheros para que luego llegue todo el mundo y se lo coman en quince minutos sin decir nada. Es verdad, pero les ha gustado. Tú sabes que les ha encantado. Y estén donde estén siempre recordarán los platos de mamá. Además, luego no es para tanto. Cuando un plato ya lo has aprendido, luego se hace en un momento, y al final nos lo hace la chica de servicio que es una espabilada y cada día aprende más rápido. Además, los medios técnicos han mejorado mucho y facilitan el trabajo, y tampoco hay que hacer siempre «marrón glasé».

Las cosas, como las costumbres se hacen en torno a algo, y la comida, por necesaria que resulte, no es una cosa mala sino un motivo por el que la familia puede reunirse en dos o tres momentos al día, y hablar, y saber de las cosas de unos y otros. Ahora los niños son pequeños y normalmente no comen con nosotros. Lo hacen antes en la cocina y tal vez por eso pensemos que no es tan necesario el comer juntos. Pero las costumbres, y más las de familia, no surgen de un día para otro. Más bien son algo que se consigue a base de la repetición de las mismas cosas durante muchas veces.

La rutina

No sé qué tienen los lunes

No sé qué tienen los lunes. Hoy lo es. Lunes, tres de junio de 2002. Parecen días tristes, apagados. Es como si tuviera una influencia especial para atraer solo cosas negativas. A lo mejor no lo son tanto, pero parece como si los lunes las viéramos así.

Es lunes. Transcurre el día con la esperanza de que en algún momento, pasadas cinco, seis, diez, a lo sumo doce horas, el día habrá terminado y será martes, y las cosas, el martes, seguro que no son como en lunes.

Son la una y quince minutos. El día ha comenzado con la novedad de que la chica que nos ayuda en casa se ha marchado sin decir nada, como siem-

CAPÍTULO 5
ANTONIO VÁZQUEZ VEGA

pre. Da igual como te portes. Al final, sin palabras, sin más, desaparece.

A la 9:15 tenía una reunión. Excelente reunión, por cierto. Todo el planteamiento que llevaba de reunión se ha venido abajo. Políticamente no interesa. Aún no sé qué quiere decir que políticamente no interesa. Lo único que sé es que por culpa del «políticamente no interesa» la mayoría de las veces las cosas se quedan sin hacer.

Han llamado del Ayuntamiento. Resulta que reclaman unas plusvalías de la compra de la casa. Dios mío. Plusvalías de la compra de la casa. ¡Un lunes! Podían haber esperado al viernes para decirlo, pero no, lo tienen que decir un lunes. Yo qué sé dónde están las plusvalías de la casa. Yo qué sé si están pagadas. Pagamos todo. Mire oiga, yo pago todo lo que usted me manda en los recibos. Me paso el día pagando. Yo qué sé cuántos recibos llegan al banco. Solo sé que el banco de vez en cuando me llama y me dice que ya no queda dinero. Pero no sé si se han pagado o no las plusvalías.

Tenía varias reuniones a lo largo del día. Unas las han quitado y en cambio han puesto otras y no sé por qué las que han puesto son mucho más desagradables que las que había.

Es lunes... solo me queda la confianza de pensar que mañana será martes.

Cuando leí este texto no pude evitar sonreírme, pensando que tal vez me he visto muchas veces identificado y en todo caso coincido en que el lunes no es el día más atractivo de la semana. Hasta los martes parecen mejores. Sea como sea me pareció que era un pasaje bastante costumbrista y en todo caso con fuerte fundamento en la realidad.

Cierto que la vida de algunas personas, un lunes resulta casi algo heroico y nos hace pensar que posiblemente el peor de los enemigos con el que nos podemos encontrar es el de pensar que nuestra vida no es más que un largo e intenso lunes.

Y no es cierto. Hay lunes, martes y viernes por la noche, y ni unos ni otros nos pueden hacer perder la perspectiva.

Hemos dedicado el primero de los capítulos de este libro a tratar de no olvidar nunca que por encima de todo, nos tenemos que ir haciendo nosotros mismos. Pero es cierto también que hay días en que las cosas se ponen de tal modo, y que la vida

CAPÍTULO 5
ANTONIO VÁZQUEZ VEGA

familiar, social, matrimonial y económica nos presiona tanto que solo podemos pensar que es lunes.

En el trabajo presión, tanta que a veces miras con envidia esas prejubilaciones que te parecen lejanísimas en el tiempo. En casa faltan todas las manos, y el más pequeño de tus hijos lleva una temporada que se despierta todas las noches. No hay manera de conseguir quedar el grupo de amigos para jugar un partido de padel y tu marido está insoportable últimamente. Que sí, que es lunes, que te lo digo yo.

Cierto. Es lunes. Pero hay veces en que es tan bonito ser víctima. No podemos perder la perspectiva. Recuerdas la historia. Eran tres hombres en una plaza haciendo los tres la misma actividad. Le preguntaron al primero qué hacia y respondió:

—Pico piedra.

Preguntaron lo mismo al segundo y respondió:

—Trabajo.

Preguntaron al tercero lo mismo y respondió:

—Yo, construyo una catedral.

Pues nuestra vida es algo así. También construimos una catedral aunque a veces solo veamos pañales y facturas. Construimos una catedral y de verdad que en estos días estamos faltos de catedrales.

La ayuda en casa

Tu chica de servicio

¿Tú crees que tienes mala suerte con las chicas de servicio? ¿Que difícilmente se puede tener tanta mala pata y que debe haber pocas personas que tengan este problema tan mal resuelto? Pues déjame que te cuente lo que contaba un amigo.

—La séptima que tuvimos en un período de menos de tres meses era narcotraficante. Sí, sí, como oyes. Nar-co-tra-fi-can-te. Intentó usar nuestra casa como tapadera para introducir y distribuir siete kilos de cocaína. Como podrás figurarte no la cogimos por sus habilidades mercantiles. Nos enteramos por la policía que un día, después de habernos tenido bajo vigilancia durante varios meses, nos contó todo.

Nos llamó cuando estábamos de viaje y habíamos dejado a los tres angelitos de nuestros hijos de 1, 3 y 4 años al cuidado amoroso y tierno de una narcotraficante.

¿Qué? ¿A que ya no te parece tan mala tu chica de servicio?

De la ayuda en casa se podían escribir varias docenas de enciclopedias y aun así no trataríamos el tema con el rigor que merece. Basta con observar

CAPÍTULO 5
ANTONIO VÁZQUEZ VEGA

que en cualquier cena de matrimonios jóvenes este sigue ocupando el primer lugar en el ranking de los temas recurrentes, y que la mitad de los beneficios de la compañía telefónica se basan en contar unas a otras la última novedad de nuestro adorado, amado e imprescindible servicio.

Posiblemente si este libro, en vez de estar dedicado al matrimonio en su primera etapa, se llamara «¿Cómo encontrar su chica de servicio ideal?», estoy convencido de que sería uno de los best-seller más importantes del siglo. Y es que el tema se las trae.

Resulta innegable la importancia de tener bien resuelto el tema del servicio en casa. Tengo un amigo que tiene una chica de servicio en su casa estupenda y comenta entre bromas que él está dispuesto a que su nómina se la pasen íntegra a la chica de servicio con tal de que no se vaya. Y es que este es un tema en el que estamos todos, mujeres y hombres, especialmente sensibilizados.

Cuando el servicio funciona, las cosas en casa marchan mejor y parece que en todo hay más paz. Pero cuando falta o no funciona, la casa es pura tensión donde los primeros en notarlo son los niños y donde los nervios saltan por cualquier tontería.

No será el humilde autor de este libro el que trate las claves para conseguir un buen servicio. Ojalá las supiese. Pero en todo caso es importante tener en cuenta un par de cuestiones.

La primera es que la persona que nos ayude en casa es una pieza fundamental de la misma, a la que debemos prestar la máxima atención y cuidado. En primer lugar porque es una persona con la misma dignidad y categoría que cualquiera de nosotros, cuyo trabajo es especialmente relevante; y de otra parte, porque posiblemente es la persona que más tiempo pasa con nuestros hijos, y que a la larga más capacidad de influirles tenga. Recuerdo con pena contar a unos amigos que un día preguntaban a sus hijos quién creían que mandaba más en casa, si papá o mamá. Y cual no fue su sorpresa cuando sus hijos respondieron con seguridad que en casa quien mandaba era la chica. Algo está fallando, sin duda, pero las chicas terminan por imponer sus modos y costumbres en las casas en las que están.

Resulta muy complicado poder llevar una casa con dos o tres niños y sin ayuda externa. Pero una cosa es tener ayuda y otra es ayudar a la chica a la educación de nuestros hijos, y bien sabemos todos que hay casas en que eso es lo que parece. La chica de servicio, si es buena, se convierte en un baluarte imprescindible para el buen funcionamiento del hogar, pero no podemos dejar que sean ellas las que llevan el peso de la casa y de la educación de nuestros hijos. No es su casa, aunque si las queremos, la sentirán como suya. Es el lugar donde desarrollan una actividad profesional especialmente importante y en la mayoría de los casos, bien remunerada, pero nada más, y la responsabilidad de que el hogar sea hogar y no una pensión bien gestionada, es una responsabilidad nuestra.

Las chicas nos exigirán tiempo y dedicación. Saber de sus cosas, de su familia y amigas, de los planes de fin de semana y de sus proyectos de futuro. De ese modo iremos sabiendo de sus maneras de ver las cosas y ella poco a poco irá cogiendo el tono de la casa, de una casa que dirigimos y sacamos adelante nosotros.

CAPÍTULO 6
UNA HISTORIA CON UN BUEN FINAL

Una historia con un buen final

La familia condiciona nuestra vida

A mi mujer la llama ayer una amiga. Hacía bastante tiempo que no lo hacía. En realidad desde hace cinco años. Entonces eran buenas amigas, de esas que hablan todos los días por teléfono al menos una vez, aunque esa parece una tónica bastante constante en todas las mujeres.

Mi recuerdo de ella es bastante más escueto, pero sustancioso, y es que organizaba unas fiestas de impresión.

A mi mujer esas fiestas le han gustado siempre, pero ahora aún más, si cabe, porque le da ocasión de abandonar los vaqueros, biberones y pañales, y ponerse de punta en blanco como solo sabe hacerlo ella.

CAPÍTULO 6
ANTONIO VÁZQUEZ VEGA

Lo cierto es que llegó el sábado y a las 9 en punto procurábamos dejar la casa organizada para marcharnos, cuando Jacobo, el tercero de mis hijos que estaba con un fuerte catarro, empezó con una tos tan fuerte que en algunos momentos parecía que se ahogaba. La verdad es que cuando eres padre, terminas por acostumbrarte a no alarmarte cuando ves alguno de tus hijos enfermo, pero en esta ocasión bastó un cruce de miradas para que cinco minutos después estuviéramos en urgencias de pediatría de la clínica más cercana.

10:20 de la noche. No ha sido de los días que más hemos tenido que esperar. Vestidos de punta en blanco, el médico nos tranquiliza diciendo que no es más que un catarro que le ha contagiado un poco los bronquios, y que el niño estaba bien. Y doy fe de que así era pues al regresar hacia casa el «desgraciado» de él no hacía más que reírse.

Dejamos al niño en casa y salimos corriendo para la fiesta. Llegamos tarde por supuesto. La casa aun siendo grande, estaba abarrotada de gente. La mayoría eran viejos conocidos que hacía mucho tiempo que no veíamos, y la mayoría de ellos, aunque eran algo mayores que nosotros, aún no estaban casados.

—Hombre, qué alegría verte.

—Cuánto tiempo.
—Pero qué tarde llegáis.
—Bueno es... –tenía tentación de explicarles que el niño... pero pensándolo mejor terminaba diciendo simplemente–: bueno, la vida se complica.

Cómo explicarles que había estado en urgencias. Sentía que eso les quedaba tan lejos que jamás lo entenderían y sentí muy claro que cada cosa en la vida tiene su tiempo, y que el nuestro, inevitablemente estaba cambiando.

Aprender el oficio de educar

Así

Decía en cierta conferencia un conocido sociólogo español dirigiéndose a un auditorio compuesto en su mayoría por padres de familia de edad ya avanzada, algo que me llamó poderosamente la atención:

—Nuestros hijos, los que tienen ahora entre 25 y 30 años, educarán a sus hijos ¡así! –y levantaba el dedo índice hacia arriba–, rectos como una vela.

No sé si la gente de mi generación suele plantearse tan pronto cómo será la educación de sus hijos, pero algo me dice que va a ser así. Y es que ya hemos visto demasiado...

CAPÍTULO 6
ANTONIO VÁZQUEZ VEGA

Hasta ahora nos habían presentado la libertad como el «todo está permitido», el «haz lo que quieras, pruébalo todo», y al final hemos llegado a la conclusión de que de ese modo no hemos hecho más que desprestigiarla.

«Que se pare el mundo que me bajo» o «paso de todo», lemas que alimentaron nuestra generación anterior, la que llamábamos del 68, han terminado por no convencernos.

Los niños de ahora ven siete horas la televisión al día según las últimas estadísticas americanas, solo saben vestir vaqueros, conectarse a Internet y han perdido el respeto por casi todo lo que no se puede comprar con dinero.

Ahora las niñas llevan los bañadores cada vez más cortos y los niños cada vez más largos, se han doctorado en sexología con menos de ocho años, y manejan con once más dinero que el que tenías tú al terminar tu carrera.

Lo tienen casi todo y sobre todo han aprendido cómo conseguirlo en un mundo donde triunfar lo justifica todo, aunque sea por encima de todos.

Ahora sí, ahora no me cabe duda de que los niños en el año 2010 se educarán así.

UNA HISTORIA CON UN BUEN FINAL

La verdad es que cuando leí este texto, pensé que su autor exageraba un poco y con esas tesis es posible que no llegara demasiado lejos en los complejos vericuetos de la educación. Pero es cierto, también, que algo está cambiando en nuestro tiempo, y que las cosas de hoy no son como las de antes. No juzgamos si mejores o peores, pero sin duda, distintas.

Vivimos en la era de la tecnología, de los medios de comunicación, de la información en tiempo real. Al menos eso nos dicen a todas horas. Y eso no solo nos influye a nosotros, sino de modo muy especial a nuestros hijos.

Un niño de siete, nueve, doce o quince años, recibe en un solo mes más información que la que nosotros pudimos recibir en varios meses o en años. Más cuando en la sociedad se ha introducido la idea de que todos debemos conocerlo todo, como si ese fuera el significado auténtico de la libertad. Y te encuentras niños con diez años que parecen conocerlo todo del sexo, los problemas sociales, las ideologías, la vida íntima y un poco absurda de los cantantes de moda, la violencia de las guerras, o la última estupidez intelectual de un profesor «progre».

CAPÍTULO 6
ANTONIO VÁZQUEZ VEGA

Lo hemos visto llegar. En nuestra época ya vimos algunas de esas cosas, e incluso nos vimos un poco atraídos por ellas. Nos vimos atraídos, y vimos también el triste espectáculo de los que se dejaron llevar por esos modos de pensar y embarrancaron algunos de los mejores años de su vida.

Hemos visto demasiado. En algunos casos lo hemos vivido en nuestras propias carnes y ha sido suficiente. *Nosotros podemos haber sido unos crápulas, y unos caraduras, pero sabemos bien que eso no es lo que queremos para nuestros hijos.* Para ellos queremos lo mejor y sabemos que eso no coincide precisamente con algunas de las cosas que hemos vivido o visto. Es más, sabemos que si no tomamos algunas medidas nuestros hijos verán más cosas de las que pueden entender y absorber a su edad. E inevitablemente eso nos hace reaccionar procurando tomar medidas que sirvan para ayudarles. Nos cuesta, nos costará mucho, pero sabemos que hay muchas cosas por las que no podemos pasar. Y en cierto modo entendemos las palabras de ese viejo sociólogo. Queremos a nuestros hijos con toda el alma. Queremos estar muy cerca de ellos en todo momento, y por todo ello entendemos que tendremos que exigirles y ayudarles a asentar los pilares sobre los que ellos, luego, irán haciendo el edificio de su vida.

Tenemos que estar cerca de nuestros hijos. Lo sabemos. Nos lo dicen, pero por encima de todo lo intuimos. Tenemos que estar cerca pues notamos que las cosas les influyen de una manera tremenda. Toda esa cantidad de información que un joven de nuestro tiempo recibe le obliga a que tenga que madurar a edades muy anteriores a las que lo hicimos nosotros. Madurar porque, desde muy pronto tienen que tomar partido. Escoger entre una opción u otra, pues la vida no les va a resultar indiferente.

Pocas tareas hay tan difíciles como educar. Y parece que es un arte que debemos aprender mucho antes de lo que imaginábamos. Posiblemente la mejor manera de definir lo que es la educación lo hiciera hace mucho años Joan Bautista Torelló en su libro *Psicología abierta* cuando decía que educar «*es acompañar a conocer la realidad*». Ni la podemos imponer, ni dejar que cada uno la conozca a su manera. Posiblemente los grandes traumas de la educación han venido precisamente por un exceso en uno de esos dos extremos.

CAPÍTULO 6
ANTONIO VÁZQUEZ VEGA

De una parte están esos padres empeñados en proteger tanto a sus hijos que solo permiten que estos conozcan la realidad tal y como ellos la ven. Pero esa no es la realidad, sino la visión parcial y deformada que esos padres tienen. Algunos, con buena intención, piensan que su celo no es malo, pues las cosas que tratan de imponer a sus hijos son buenas, convencidos de que el fin justifica los medios.

Queremos proteger a nuestros hijos. Queremos darles solo lo mejor. No queremos que tengan que encontrarse con algunas de esas cosas con las que nos hemos encontrado, tropezar donde nosotros hemos tropezado, sin darnos cuenta de que de ese modo estamos privando a nuestros hijos de la maravilla de conocer las cosas tal cual son. Al final, mucho antes de lo que imaginamos, las conocerán y entonces se sentirán inseguros y engañados, y en todo caso, nos reprocharán no haberles permitido conocer las cosas como son.

- Imponemos la realidad cuando damos más dinero a nuestros hijos del que pueden manejar y les hacemos creer que el dinero es el gran mago que hace realidad todos los sueños.
- Imponemos nuestra realidad cuando nos empeñamos que nuestro hijo de solo seis años lea

como el hijo del vecino que solo tiene cinco y lee mucho mejor, y le presionamos y le obligamos.
- Imponemos la realidad cuando nos hacemos novelas con la historia de nuestros hijos a los que por naturaleza consideramos más guapos, con los ojos más claros, más listos, más salados.
- Imponemos la realidad a nuestros hijos cuando les obligamos a ir a doscientas clases particulares diferentes sin dejarle apenas tiempo para jugar. Clases, todas, muy importantes y el tenis, la guitarra, el solfeo, el golf... llenan las pocas horas que le quedan en el día.
- Imponemos la realidad cuando nos enfadamos y nos ponemos hechos unas fieras con nuestros hijos cuando nos han hecho quedar mal por desobedecernos delante de todos. Y delante de todos le reñimos y hasta le pegamos. No queremos educar. Queremos dejar claro al mundo que a nosotros no se nos hace eso.
- Imponemos la realidad cuando queremos que nuestro hijo de dos años y medio se porte en Misa como si le hubieran dado un valium diez, sin darnos cuenta que lo normal a esa edad es jugar y correr, y que si eso no fuera así, deberíamos llevar al niño al médico porque le pasa algo.

CAPÍTULO 6

ANTONIO VÁZQUEZ VEGA

- Imponemos la realidad cuando queremos que nuestros hijos vayan a nuestros ritmos y tiempos, a los que nosotros queremos marcar en la comida, en el trabajo, en su conocimiento de Dios, en el juego, en el cariño, en la voluntad. Y eso no es educar.

Eso es querer que nuestros hijos
sean a nuestra imagen y semejanza,
algo que de por sí,
suena a antiguo.

De otra parte están aquellos padres que dejan a sus hijos conocer las cosas a su modo y entender. Ellos creen que es libertad, en el mejor de los casos, cuando en realidad se trata de comodidad y dejan a los hijos enfrentarse a una realidad que les queda grande. Es como si dejáramos a un niño recetarse las medicinas a sí mismo. Está claro que no sabe y se va a equivocar, y pese a todo, pensamos que es mejor que las conozca a base de equivocarse. Hasta el más inhumano de los científicos no probaría una nueva experiencia científica en un humano sin haberlo comprobado mil veces antes sobre animales. No se entiende, entonces, cómo algunos padres quieren hacer el experimento de dejar que sus hijos conozcan las cosas a su criterio. La realidad así conocida, lo único que genera es perplejidad (estar fuera del plexo) que no es otra cosa que tratar de huir de esa realidad, de buscar fórmulas de evasión que les permitan olvidarse de un mundo que no entienden ni quieren comprender.

Todos tenemos algo de este defecto. No se trata solo pensar en esos padres absurdos que van por la casa desnudos pensando que así nos familiarizamos todos, o esos otros que dejan que prácticamente sea la calle la que eduque a sus hijos. Aparte de ser poco estético, en muchos casos son situaciones sociales que de por sí carecen de los aspectos mínimos de educación.

No, me refiero a otras pequeñas cosas que son más propias de nuestra comodidad y de nuestra falta de empeño en dejar a nuestros hijos lo mejor de nosotros mismos. Somos así:

- cuando pasan los días, uno detrás de otro casi sin verles y sabiendo de sus hazañas por lo que nos cuenta la chica al llegar a casa;
- cuando permitimos que nuestros hijos vean la televisión sin saber muy bien qué es lo que van a ver;

CAPÍTULO 6
ANTONIO VÁZQUEZ VEGA

- cuando no conocemos a los amigos de nuestros hijos aunque estos nos hablen mil veces de ellos;
- cuando no les escuchamos en las mil tontadas que nos quieren contar cada día;
- cuando no les miramos a los ojos hasta el fondo para saber si en las cosas que nos cuentan están diciendo la verdad o se están dejando llevar por la imaginación;
- cuando no miramos sus deberes aunque ellos nos los muestren llenos de ilusión porque llevamos prisa;
- cuando no sabemos en qué se gastan el poco dinero que hemos decidido darles;
- cuando no conocemos a los padres de sus amigos;
- cuando les damos siempre el mismo menú, ese que sabemos que les gusta y que se toman sin dificultad;
- cuando permitimos que se marchen a la cama sin haber recogido su cuarto;
- cuando no les hablamos con calma de nuestras cosas, tratándoles como si de mayores se tratara;
- cuando les engañamos o mentimos aunque

pensemos que de ese modo les hacemos un bien;
- cuando él y ella reñimos delante de ellos, haciéndoles sufrir como solo sabe sufrir un niño.

Entonces les estamos dejando desprotegidos, inseguros, sin saber a qué atenerse.

La valentia de educar

Perdóname hijo, perdóname

Tiene 40 años pero no los aparenta. Él dice que la vida le ha hecho conservarse bien. Es padre de ocho hijos. Buen profesional y con la simpatía de a quien no le agobia casi nada. Y no me extraña. Escucha.

Cuando tenía 9 años tuvo que marcharse con sus padres a Francia. En aquel entonces Francia era un hervidero de ideas «progres» y extrañas. Corría el año 68 y el mayo francés pasaría a la historia como el momento más absurdo del pasado siglo.

Él se había imbuido de aquellas ideas desde un primer momento. Con una mata de pelo de 15 cm y unos pantalones campana rajados por varios sitios, militaba en las filas del partido comunista y más tarde del anarquista.

CAPÍTULO 6
ANTONIO VÁZQUEZ VEGA

La bebida, el sexo, las comunas, el alcohol o la droga eran como un juego donde todo valía mientras pensaras que te podía llevar a pasarlo bien. Llegó a tal punto aquella situación que no sabía muy bien con qué chicas de su clase «había estado ya» y con cuales no.

Al cumplir los 19 sus padres volvieron a España y él con ellos. La vida cambió en las formas aunque muchas de sus maneras de pensar permanecieron.

Aquí conoció a una chica de la que pronto se enamoró y comenzaron a salir. Como con tantas, su primera reacción fue la de intentar acostarse con ella, y cual no fue su sorpresa cuando ella le dijo que no. Pero como la quería continuó con ella. Lo intentaba una y otra vez, la amenazaba con dejarla pues si no quería acostarse con él es que no le quería.

Desesperado llegó a decirle que pensaba acostarse con otras chicas mientras continuara saliendo con ella con objeto de «desfogarse»; pero ella ni aun así accedía.

La relación continuó y con ella una mayor familiaridad. Él acostumbraba a irla a buscar a su casa todas las tardes. Durante el tiempo que esperaba a que terminara de arreglarse se quedaba de charla con su padre. Ella, a propósito, tardaba es-

pecialmente y hubo veces que esperó hasta dos horas y hasta toda la tarde. Se daba cuenta de que aquello estaba hecho con intención pero no le importaba.

En esos ratos de espera, la conversación se dispersaba en mil temas distintos, pero en todos ellos al final terminaba apareciendo el enfoque de la fe y de Dios.

Otras veces eran los largos paseos con ella los que servían para que le contara, de una manera discreta su forma de vida, y las ideas y el espíritu que la animaban en todo.

Un día. Otro día. Sin presión, sin prisas, como una cadencia que viene y que va.

Por fin él quiso convertirse y hacer la Primera Comunión. Se confesó y fueron juntos a una iglesia donde él comulgaba por primera vez cuando tenía 30 años.

Al día siguiente, por sorpresa, prepararon en casa de ella una fiesta para celebrarlo y como regalo le dieron un cuadro de la Virgen.

Terminada la fiesta él volvió a casa como todos los días, esta vez con la preocupación de cómo explicaría en su casa lo del cuadro de la Virgen. Le daba vueltas a la cara que pondrían sus padres ante

CAPÍTULO 6
ANTONIO VÁZQUEZ VEGA

semejante cambio. Y eso le hacía sentirse inseguro. Por fin llegó. Le abrió su madre, que al verle le preguntó:

—Hijo mío, ¿qué llevas ahí?

—Nada mamá, un regalo que me han hecho hoy.

—Déjame verlo.

—Es un cuadro de la Virgen, mamá. Es que ayer hice la Primera Comunión.

Su madre rompió de repente a llorar amargamente y entre sollozos, él solo la entendía decir:

—Hijo mío, perdóname, perdóname hijo mío.

Hasta aquí la historia que podía continuar muchas más horas, pues hubo muchas más cosas. Unos días después me encontré con su protagonista y comenté:

—Me impresionó lo que contastes. Me parece una historia increíble que me ha removido.

Él me miró pensativo y me dijo:

—La he contado muy pocas veces y casi ninguna entera. El otro día, después de contarla, me quedé pensativo dándole vueltas al hecho de haber insistido tanto en la historia en que lo que quería era acostarme con mi novia fuera como fuera.

—No te preocupes hombre, que se entendía perfectamente.

UNA HISTORIA CON UN BUEN FINAL

—No, no lo entendíais. Ese era el tema capital. Si yo hubiera conseguido acostarme con ella, nunca me hubiera casado con ella y nunca me habría convertido.

Cuando escuché esta historia no sabía muy bien dónde encajarla. Lo quería hacer a toda costa pues me parecía preciosa. Finalmente pensé que debía ser para hablar de educación y entender la importancia de la coherencia en las cosas que queremos transmitir. Hay dos personajes en la historia con papeles bien distintos. Una madre que no se atrevió a hablar a tiempo y una esposa que se lo enseñó todo con su silencio.

Cómo impresionan esas personas cuya sola presencia nos da seguridad, paz, alegría. Son personas a las que queremos y admiramos por su coherencia, por su convicción, por la fuerza y seguridad de sus planteamientos. Nos gustarán sus modos de pensar más o menos, pero les admiramos y respetamos y daríamos todo por defender su manera de pensar y actuar.

Pues a nuestros hijos les pasa igual, pero con la ventaja que mientras no les defraudemos nuestros hijos nos mirarán convencidos de que somos Superman. En realidad más, porque papá es el único que puede ganar a Superman.

CAPÍTULO 6
ANTONIO VÁZQUEZ VEGA

Sí. A nuestros hijos les pasa lo mismo. Admiran y quieren nuestro ejemplo. El mejor que les podamos dar y fallarles es la peor tragedia que se les puede hacer. Confían en nosotros y si ven que les queremos, nos seguirán allí donde vayamos.

No podemos tener miedo a hablar a nuestros hijos de la vida. Muchas veces será una simple conversación. Hablaremos de sus cosas y también de las nuestras aunque tengan seis años. Y entenderán que papá y mamá luchan y se esfuerzan por ellos, y que si hoy comen y van al colegio es porque papá se levanta, probablemente antes que ellos, y con empeño se esfuerza en sacar la familia adelante. Y que si uno está enfermo necesita del cariño de todos, y que si esa película él no la puede ver, tampoco la puede ver papá y juntos nos echamos una partida de ajedrez que cada día nos gusta más.

No podemos tener miedo a educar a nuestros hijos aunque en ocasiones pueda parecernos que si no nos acoplamos a sus deseos los perderemos. Nunca. A los hijos los perdemos cuando nos perdemos nosotros mismos. Pero si nos ven firmes, pase lo que pase, aunque en algún momento pueda parecernos que los vamos a perder, al final siempre vuelven.

Ayer noté...

Ayer noté por primera vez que mi hijo se podía enamorar. En realidad no había nada de particular, pero los López, con los que compartimos andanzas desde hace años, me dijeron que su hija Ana estaba tonteando con un chico. ¡Pero si es una niña...! Exclamé sorprendido.

—Sí –dijeron ellos–. Eso pensábamos nosotros y ya ves.

Ana es amiga de mi hijo Gonzalo desde que nació. En realidad se han criado juntos. Fines de semana, vacaciones, colegio... siempre han estado juntos y... pensar que está tonteando con un niño.

—Pero cuéntame. ¿Qué es eso de que está tonteando con un niño? –pregunté con asombro.

—Sí. Que hay un niño del colegio que la llama. Al principio no le dimos ninguna importancia, pero es que ahora la llama todos los días, y mi hija parece como atontada. Nos hemos puesto un poco nerviosos. Me sacan de mí estas estupideces de padres modernos que les gusta ver a sus hijos de once años saliendo como si tuvieran 32. De verdad que es un tema que nos preocupa.

He vuelto a casa temprano. Con rapidez he ido al cuarto de Gonzalo y le he visto estudiando, ajeno a

CAPÍTULO 6
ANTONIO VÁZQUEZ VEGA

las inquietudes de mis pensamientos. Durante unos segundos me he quedado mirándole pensando si es que no conozco a mi hijo, hasta que su voz me ha vuelto a la realidad

—¿Querías algo, papá?

—No, nada, hijo. ¿Qué tal?

—Bien, estoy estudiando porque tengo examen mañana.

—¿Quieres que te ayude?

—No, gracias, papá, creo que lo entiendo bastante bien.

He cerrado la puerta con cuidado, como temiendo poder molestarle y me he marchado pensativo al salón. He encendido un cigarrillo y me he quedado con el pensamiento perdido. Al momento ha entrado mi mujer con los preparativos de la cena.

—Oye, Marta, ¿qué te ha parecido lo que nos han contado los López?

—¿Lo de Ana...? La verdad, ya no es una niña, pero yo tampoco le daría demasiada importancia. Son cosas de la edad...

Siempre me ha admirado la capacidad que tienen las mujeres para poner las cosas en su sitio.

—Oye, ¿y tú no has pensado que nuestro hijo Gonzalo podría...?

—¿Tener novia...? No, ni lo sueñes. Él ya tiene una, y se llama «selección juvenil de fútbol de colegio».
—Pero es que...
No ha escuchado el final de la frase mientras el ruido en la cocina me indica que mi mujer anda en otros menesteres.
No. Nunca me lo había planteado. Siempre he supuesto que ese momento tenía que llegar, pero no ahora. Es tan joven... y sobre todo, es mi hijo, el mayor de ellos... toda mi vida he luchado por darles lo mejor, por cuidar su educación, su salud, su forma de pensar. He procurado inculcarle valores y un espíritu firme y decidido al hacer las cosas, pero la verdad es que nunca me había planteado que pudiera... ¿qué pudiera qué...? Si en realidad no ha pasado nada. Es verdad, aún no, pero prefiero estar prevenido para el día que pase algo, y lo de los López hoy ha sido el primer aviso.
Más cerca...
Mi hijo ya tiene una edad en la que cualquier día me puede plantear que está haciendo sus propios planes. Siempre he procurado estar a su lado, compartir sus cosas, convencido de que esa es la mejor manera como puedo ayudarle, y ahora, al pensar que puede haber comenzado a plantearse temas tan im-

CAPÍTULO 6
ANTONIO VÁZQUEZ VEGA

portantes he sentido el vértigo de creerme que estoy muy lejos, mucho más de lo que siempre he pensado.

Acepto de buen grado que la vida sigue su curso. Que las cosas son así, y que a los 15, a los 20, a los 30... cuando Dios quiera, él también tomará un camino, como lo tomé yo hace ya tantos años y entonces... Lo acepto, pero quisiera ahora, más que nunca estar a su lado y avisarle y contarle y explicarle y decirle... Los padres seremos siempre padres y nos moriremos padres, y en nuestro cariño desearemos siempre evitar a nuestros hijos la más leve sombra de tristeza, de problemas, de dolores... si pudiéramos, moriríamos su muerte con tal de que ellos no sufrieran. Y ahora, sin embargo, ante un tema así, me veo tan lejano.

Lejos, me siento muy lejos. Tal vez es que mi hijo no quiere hablar estas cosas con nosotros. Preferirá hablarlas con los amigos. Sin duda. Yo también lo hacía cuando tenía su edad, pero también es cierto que mis padres habían conseguido en casa un ambiente de tanta confianza que yo era incapaz de tomar una decisión sin consultarles.

Cerca, tengo que estar muy cerca. Lo he procurado siempre, pero ahora me doy cuenta de que es más necesario que nunca. No puedo hacer el idiota.

No puedo ponerme a su altura creyéndome que por usar su vocabulario, y saber el nombre de tres grupos de música moderna, le voy a tener más cerca. Demasiado bien sabe él que a mí me gusta Serrat y Julio Iglesias. Y en el fondo pienso que le gusta así. Sabe también que hay cosas por las que no paso aunque le quiera un montón. Sabe, por último, que soy su padre por encima de ser su amigo, aunque quiera ser un amigo que le quiera como un padre.

Cerca, cerca, cerca... resuenan las palabras una y otra vez. Me lo han repetido desde que han ido naciendo cada uno de mis hijos. Estar cerca, aunque no lo noten, aunque no intervengamos nunca. Estar a su lado transmitiéndoles la seguridad de que pase lo que pase, ocurra lo que ocurra, estamos ahí. Los hijos aprenden lo que ven, no lo que escuchan, y al cabo de los años, pocos años, te das cuenta de que nuestros hijos no son más que el reflejo de nuestros afanes y empeños. A menudo me he fijado en los hijos de los demás y al final siempre he pensado que los míos son los mejores. Son míos en todo caso, y eso lo dice todo.

Durante estos años de educación he sentido siempre el déficit de dedicarme poco a ellos. El trabajo, la vida moderna que todo lo absorbe, el tiempo siempre

CAPÍTULO 6
ANTONIO VÁZQUEZ VEGA

escaso... han sido sus rivales, y al pasar los años, siento que lo más grande, lo que al final permanece no ha sido, en modo alguno, lo primero. Tantas veces, bastaba mirar a un lado u a otro de mi entorno para darme cuenta que lo mío no era una excepción y sin darme cuenta adoptaba las formas y costumbres de las familias de nuestro tiempo. Y así, al pasar los años me doy cuenta que al final en tantas cosas no he hecho lo que creía que debía hacer sino por similitud lo mismo que hacían los demás.

Ahora al ver a Gonzalo he sentido, de verdad, la urgencia de estar cerca, y sobre todo de cambiar...

Hay que cambiar. Me lo digo siempre que me veo en el espejo y siento que aunque soy joven los años pasan con rapidez. Hay que cambiar, lo sé, pero ahora ya no es algo que me afecte solo a mí. Ahora le afecta a él.

Si quiero enseñar a mi hijo a amar, tendré que amar, y si quiero enseñarle la felicidad, tendré que ser un hombre feliz... él aprenderá las cosas que vea. Las cosas son como nosotros somos, y como nosotros somos serán siempre.

Lo que no le dé, lo perderé.

PARA PENSAR
PARA ACTUAR...

Para recordar...

- Si hay un lugar al que volver (hogar) volveremos, volverán todos...
- Nuestros hijos entenderán viéndonos las claves para interpretar la vida.
- No compensa que te quedes con nada. Dalo todo, ¿para qué lo quieres?

Para leer...

Alfonso Aguiló, *Interrogantes en torno a la fe*. Col. Hacer Familia, nº 58. Ed. Palabra.

Para pensar...

- Las cosas tuyas, ya no lo son, ahora son nuestras.
- Lo que te pasa a ti, nos pasa a todos, y no pasa nada.
- La violencia solo genera violencia: por la fuerza no vamos a ninguna parte.

- Es tan hermoso haberlo dado todo.
- Dios, que de esto entiende, lo dio todo, hasta la última gota.

Para hablar...

- De cómo lo ve él, de cómo lo ves tú...
- De dónde debe estar la referencia de nuestro obrar: en nuestros hijos, en la comodidad, en lo que pensarán los demás.
- Las cosas no están para tener una actitud de sobrellevar. Cuando es así nos barren. Tenemos que tener hasta la última de nuestras articulaciones pendientes.
- De las costumbres, de los horarios, de los planes...

Para actuar...

SITUACIÓN:

Lo de los horarios se hace algo más complicado. Jaime se levanta el primero, a eso de las siete menos cuarto. Cuando se marcha nos deja puesto el despertador para que nos

levantemos a las ocho y cuarto. Yo soy la que doy de desayunar a los niños, los visto y los llevo al colegio. Es un momento estupendo pues a esas horas los niños tienen una vitalidad especial y no paran de contar cosas.
Jaime no viene casi nunca a comer. La oficina queda muy lejos y yo aprovecho esos ratos para hacer compras, quedar con las amigas o hacer mis cosas.
Las tardes suelen ser algo más tranquilas. La mayoría de ellas no tengo trabajo y me gusta esperar a los niños a la llegada del colegio. No siempre puedo. Que si las reuniones del colegio, unas compras de última hora, o un acto social... pero si puedo, no dejo de estar con los niños. Lo necesitan tanto a esta edad.
Jaime llega tarde casi todos los días. La verdad es que no sé por qué digo casi, pues es todos los días. Los primeros meses teníamos broncas por este tema. Ahora ya no. Es un tema que he dado por perdido, y cuando hablo con las amigas me doy cuenta de que no soy la única. Más bien al contrario. Es la norma.
Cuando llega, los niños están ya dormidos. Tienen que madrugar mucho para ir al colegio. Al principio me daba pena que no los viera despiertos. Ahora casi lo prefiero. Se excitan tanto cuando le ven, que luego no hay manera de meterlos en la cama.

Cenar sí que cenamos juntos. Lo solemos hacer con bandejas. Es más cómodo y así le puedo decir a la chica que se marche a la cama (el servicio no está para bromas).
Jaime llega con un hambre preocupante y le ponga lo que le ponga, siempre va a la cocina a por más. La verdad es que no soy una experta pero a este chico siempre le gusta lo mismo: pollo, espagueti, hamburguesa, salchichas y chorizo de Pamplona (eso le apasiona).
Por la noche hablamos poco. Solemos ver la televisión. Hay algunos programas con los que nos reímos y sé que a él le descansa mucho.
Al final nos vamos a la cama. Estamos tan cansados. En realidad nos vamos más tarde de lo queríamos, pero es un rato tan tranquilo. De hecho es el momento más tranquilo del día. Los niños durmiendo, la chica en su cuarto, el teléfono que no suena y la paz que da saber que cualquier cosa que debas hacer tendrá que esperar hasta mañana.
Te sueles ir a la cama después que él. De hecho es el momento que sueles aprovechar para hacer cosas realmente tuyas: lavarte el pelo, coser una falda, probar unas cremas o leer una revista de las que te hacen desconectar.
Respondía una psicóloga argentina a un periodista que le preguntaba por qué las

mujeres siempre tardan más en marcharse a la cama:

—Pues porque es el primero y posiblemente el único momento del día que tienen para ellas, para sus cosas personales. Hasta ese momento lo que han hecho es estar ocupadas de las cosas del resto de la familia.

Por fin nos acostamos. Él ha repasado las puertas y ventanas de la casa, mientras tú sacas algo del congelador para comer mañana. Bueno comer, comer, la chica y el pequeño, pero es que a la cena los más mayores llegan con un hambre.

Rendidos ponéis el despertador. Será a las seis y media, a las siete o a las siete y media. Cualquier hora será dura. En fin, confiemos que ninguno de los pequeños se despierte. Y con esa confianza y la felicidad de pensar en ellos, os quedáis dormidos.

OBJETIVO:
Recuperar el sentido de nuestra vida.

MEDIOS:
Ayudar a entender que nuestra realidad, la cotidiana tiene un sentido trascendente y maravilloso. Es posible que no coincida con los planes que nosotros teníamos hechos. Nosotros creíamos en una vida maravillosamente

adornada, con éxito, con brillo social, con coordenadas que no son las que vemos en nuestra vida y nos frustramos viendo que nuestra vida no nos gusta, nos parece pobre, silenciosa, sin brillo.

Las flores crecen para dentro, pero al final florecen. Mientras no descubramos que la vida que llevamos, precisamente esa, es maravillosa, sufriremos y no terminaremos de encontrar nuestra felicidad.

MOTIVACIÓN:
Las pequeñas cosas de la vida son las que al final más valoran quienes tenemos más cerca, aunque son normalmente las que más cuestan. La labor que realizamos es sencillamente grandiosa y el mundo de nuestro tiempo está esperando el papel esencial y clave que jugarán nuestros hijos.

GUÍA DE TRABAJO INDIVIDUAL — Nº 85

**PRIMERA ETAPA
DEL MATRIMONIO**

Guía de trabajo individual

Nº 85

PRIMERA ETAPA DEL MATRIMONIO

1. Las cosas van a cambiar en esta nueva etapa. Sin duda, y esos cambios se van a producir en cualquier caso. Es por eso que resulta muy importante el que pensemos el mejor modo de aprovecharlos.
2. No asustarse de nada. Las cosas, los problemas y los grandes momentos, nos pasan a todos, aunque en muchas ocasiones te creas que eres el único.
3. El abandono personal es la primera señal de infidelidad.
4. Conocerse es un largo y apasionante proceso al que debemos dedicar lo mejor de nuestra vida, porque en ese proceso conoceremos al otro y nos conoceremos a nosotros mismos.
5. Hay que hablar. Debemos hablar de todo. Lo sabemos, pero parece que nunca surge la ocasión. No importa. Si no surgen, hay que buscarlas, programarlas con inteligencia y simpatía.
6. El sexo es importante, muy importante sin duda, pero no esperes que tu matrimonio se pueda apoyar solo en ese pilar. Si lo demás

no funciona, verás que también en esto se refleja.
7. Es una carrera de fondo. Lo sé. Me lo han dicho y cada día me doy más cuenta. Es por eso que debo aprender a dosificarme.
8. Si no cuido las costumbres de mi propia familia, jamás las tendré.
9. Al matrimonio no voy a arreglar los defectos de mi pareja, voy a amarlos.
10. El dinero es una de las claves actuales tanto en la relación como en la educación.
11. Si no aprendo a cultivarme a nivel personal, aunque sea en el «fragor diario», al final me empobreceré y no podré dar nada a nadie.
12. El matrimonio no es un juego de equilibrios. Es una vocación, y hay que darlo todo.
13. Para educar, para ser fiel, para hacer familia, tenemos una sociedad con poca colaboración, pero al final vale la pena.
14. Dios está esperando que se lo cuentes todo. Le gusta tanto que lo hagas. Y al final, con Él las cosas se ven de otro modo.

ÍNDICE

ÍNDICE

INTRODUCCIÓN 5

PARTE PRIMERA "A"
HACERSE UNO

Capítulo 1
UNA DECISIÓN ÚNICA EN EL TIEMPO 13
    33 años 13
    Parece que fue ayer 16
    Una decisión única en el tiempo 22
    Las cosas han cambiando. Lo mire por donde lo mire es así 23

Capítulo 2
LA MADUREZ PERSONAL 27
    Madurar no es más que cambiar 27
    Tener un proyecto personal 34
        1ª La falta de idealismo 37
    Por favor, no sea usted tan realista 37
        2ª No tener claro lo que queremos 41
        3ª Ser más y no tener más 44
    «It is nice to be important, but is more important to be nice» 44
        4ª El victimismo personal 46
    Rendidos de verdad 48
        5ª El empobrecimiento intelectual 50
    Atascos en verso 50
        6ª El contagio del ambiente 54
        7ª El cuidado personal 56
    Comidas de diario 56

PARA PENSAR, PARA ACTUAR... 59

PARTE SEGUNDA "B"
HACERSE AL OTRO

Capítulo 3
UN DESCUBRIMIENTO ENRIQUECEDOR 67
      En un solo mes 67
    Aproximación al tema 72
      Para siempre 72
    Hablar de matrimonio es hablar de dos personas… 73
    Los defectos del otro… 97
    …que se aman tanto 99
      Pero sigamos: Dos personas que se aman tanto… 99
    Un juego que no es base cero 103
    Cuando falte mamá 107
    Elogio de la comunicación 113

Capítulo 4
ALGUNOS ASPECTOS QUE NO DEBEMOS OLVIDAR 121
    El sexo 121
    Las crisis 133
    Y de la familia política 142
    El dinero 143
      Los ojos de un niño 143
    El dinero y nosotros mismos 155
    El dinero y los demás 157
    El dinero y la familia 162
      No es un problema de dinero 162

PARA PENSAR, PARA ACTUAR... 169

PARTE TERCERA "C"
HACER FAMILIA

Capítulo 5

DE LO MÍO A LO NUESTRO 179
    Yo, lo que quiero, es que alguien me entienda 179
    Tercer plano de una misma realidad 188
    La familia en nuestro tiempo: un panorama 189
    Un lugar donde vivir 192
    La llegada de los hijos 197
        Tengo cuatro hijos 197
    Hay un sitio para todos (a los que no tenemos hijos) 201
    Costumbres de casa 204
    Los horarios 211
    Las comidas 214
    La rutina 217
        No sé qué tienen los lunes 217
    La ayuda en casa 221
        Tu chica de servicio 221

Capítulo 6

UNA HISTORIA CON UN BUEN FINAL 225
    La familia condiciona nuestra vida 225
    Aprender el oficio de educar 227
        Así 227
    La valentía de educar 237
        Perdóname hijo, perdóname 237
        Ayer noté… 243

PARA PENSAR, PARA ACTUAR... 249

GUÍA DE TRABAJO INDIVIDUAL 257

SUSCRÍBETE A LA REVISTA MENSUAL DE LA COLECCIÓN HACER FAMILIA Y TE REGALAREMOS EL LIBRO QUE TÚ ELIJAS

Secciones de la revista

El Arte de Educar por edades
Matrimonio al día
Reportajes y entrevistas
Estimulación temprana
Aficiones y hobbies juveniles
El carácter
Tiempo libre: libros, vídeos, cine y programas de ordenador
Club de Goncio para los más pequeños

(Boletín de suscripción, en la página siguiente.)

HACER familia
BOLETÍN DE SUSCRIPCIÓN

NOMBRE Y APELLIDOS: ....
DIRECCIÓN: ....
POBLACIÓN: ....
C.P.: .... PROVINCIA: ....
TEL.: .... E-MAIL: ....
N.I.F.: ....
Nº de Hijos: .... Año nacim. del mayor: ....

FORMA DE PAGO

❑ DOMICILIACIÓN BANCARIA
Nombre y apellidos del titular: ....
Banco: ....
Domicilio: .... C.P.: ....
Población: .... Provincia: ....

Les ruego que, con cargo a mi cuenta, atiendan los recibos que les presente EPALSA

Código Cuenta
| Banco | Sucursal | D.C. | Nº Cuenta |

❑ VISA / Master Card   Fecha de caducidad ..../........
Nº

Firma del titular:

❑ Transferencia a nombre de EDICIONES PALABRA
c/c Nº ES82 0049 4693 9825 1002 4778 del Banco Santander

❑ Talón adjunto nº..

PERSONA QUE ABONA LA SUSCRIPCIÓN (Solo en caso de que no coincida con el suscriptor).

Nombre y apellidos: ....
Dirección: ....
Población: ....
Provincia: .... C.P.: ....
Tel.: .... NIF: ....

	12 Números	24 Números
España	34,50 €	65,90 €
Extranjero (Superficie)	46,00 €	89,00 €
Europa (Aéreo)	49,25 €	95,50 €
Resto del Mundo (Aéreo)	58,60 €	114,20 €

PRECIOS VÁLIDOS HASTA SEPTIEMBRE DEL 2006

Ediciones Palabra, S.A.
Pº de la Castellana, 210 - 28046 Madrid
Tel.: 91 350 83 11 - Fax: 91 359 02 30
suscripciones@edicionespalabra.es

DESEO RECIBIR GRATUITAMENTE
EL LIBRO DE LA COLECCIÓN HACER FAMILIA Nº.....
DE LA SIGUIENTE LISTA

Recortar y enviar a EDICIONES PALABRA, S.A.- Castellana, 210 - 28046 Madrid - Tfno.: 91 350 83 11

HACER FAMILIA

educar en valores

Ayuda a los padres en la difícil tarea de educar
y contribuye a mejorar la vida familiar.

■ CÓMO EDUCAR

1. EDUCAR HOY
   Fernando Corominas
   17ª edición

4. EXIGIR PARA EDUCAR
   Eusebio Ferrer
   11ª edición

6. FAMILIAS CONTRACORRIENTE
   David Isaacs y Mª Luisa Abril Martorell
   7ª edición

7. TU HIJO DIFERENTE
   Pilar Cabrerizo y Asunción Pacheco
   3ª edición

9. LOS ESTUDIOS Y LA FAMILIA
   Gerardo Castillo Ceballos
   5ª edición

11. DIOS Y LA FAMILIA
    Jesús Urteaga
    5ª edición

12. PLANIFICACIÓN FAMILIAR NATURAL
    Tomás Melendo y Joaquín Fernández-Crehuet
    4ª edición

13. CÓMO PREVENIR EL CONSUMO DE DROGAS
    Aquilino Polaino y Javier de las Heras
    7ª edición

14. PARA EDUCAR MEJOR
    María Teresa Aldrete de Ramos
    5ª edición

16. PREPARAR A LOS HIJOS PARA LA VIDA
    Gerardo Castillo
    6ª edición

17. LOS ESTUDIOS Y EL DESARROLLO INTELECTUAL
    Carlos Ros
    4ª edición

18. LOS NOVIOS. EL ARTE DE CONOCER AL OTRO
    Ramón Montalat
    5ª edición

20. CÓMO EDUCAR A TUS HIJOS
    Fernando Corominas
    7ª edición

■ EDUCAR POR EDADES

22. TUS HIJOS DE 1 A 3 AÑOS
    Blanca Jordán de Urríes
    8ª edición

23. TUS HIJOS DE 4 A 5 AÑOS
    Manoli Manso y Blanca Jordán de Urríes
    7ª edición

24. TU HIJA DE 6 A 7 AÑOS
    María Teresa Galiana y Amparo González
    4ª edición

25. TU HIJO DE 6 A 7 AÑOS
    Blanca Jordán de Urríes
    3ª edición

26. TU HIJA DE 8 A 9 AÑOS
    Isabel Torres
    6ª edición

27. TU HIJO DE 8 A 9 AÑOS
    José Antonio Alcázar y Mª Ángeles Losantos
    5ª edición

28. TU HIJA DE 10 A 11 AÑOS
    Trinidad Carrascosa y Marta Bodes
    6ª edición

29. TU HIJO DE 10 A 12 AÑOS
    Alfonso Aguiló
    8ª edición

30. TU HIJA DE 12 AÑOS
    Candi del Cueto y Piedad García
    7ª edición

31. TU HIJA DE 13 A 14 AÑOS
    Piedad García y Candi del Cueto
    5ª edición

32. TU HIJO DE 13 A 14 AÑOS
    Vidal Sánchez Vargas
    6ª edición

33. TU HIJA DE 15 A 16 AÑOS
    Pilar Martín Lobo
    5ª edición

34. TU HIJO DE 15 A 16 AÑOS
    Santiago Herraiz
    3ª edición

35. TUS HIJOS ADOLESCENTES
    Gerardo Castillo
    8ª edición

36. **NOVIAZGO PARA UN TIEMPO NUEVO**
 Antonio Vázquez Vega
 4ª edición

37. **LOS NOVIOS. LOS MISTERIOS DE LA AFECTIVIDAD**
 Ramón Montalat
 5ª edición

38. **MATRIMONIO PARA UN TIEMPO NUEVO**
 Antonio Vázquez
 15ª edición

39. **LOS ABUELOS JÓVENES**
 Oliveros F. Otero y José Altarejos
 5ª edición

83. **EL MATRIMONIO Y LOS DÍAS**
 Antonio Vázquez

85. **PRIMERA ETAPA DEL MATRIMONIO**
 Antonio Vázquez Vega
 2ª edición

89. **EMBARAZO Y PRIMER AÑO DE VIDA**
 Carmen Corominas

■ **EDUCACIÓN TEMPRANA**

41. **EL DESARROLLO TOTAL DEL NIÑO**
 Juan Valls Juliá
 6ª edición

42. **LA EDUCACIÓN TEMPRANA DE 0 A 3 AÑOS**
 Ana Sánchez
 3ª edición

43. **LA EDUCACIÓN TEMPRANA DE 3 A 7 AÑOS**
 Merche Bravo y Luis Pons
 7ª edición

44. **EXPERIENCIAS DE UNA MADRE**
 Ana Sánchez
 6ª edición

45. **CÓMO ENSEÑAR LA VIDA AL NIÑO A TRAVÉS DE LOS CUENTOS**
 Blanca Jordán de Urríes
 2ª edición

46. **DESARROLLAR LA INTELIGENCIA A TRAVÉS DEL AJEDREZ**
 José María Olías
 2ª edición

47. **¿ES MI HIJO SUPERDOTADO O INTELIGENTE?**
 Agustín Regadera López

87. **COMO EDUCAR A TUS HIJOS CON LA MÚSICA**
 María Pilar Carrasco

■ **EDUCAR EN VALORES**

48. **LOS BUENOS MODALES DE TUS HIJOS MAYORES**
 José Fernando Calderero
 2ª edición

49. **LOS BUENOS MODALES DE TUS HIJOS PEQUEÑOS**
 José Fernando Calderero
 7ª edición

50. **CÓMO EDUCAR LA VOLUNTAD**
 Fernando Corominas
 11ª edición

52. **SITUACIONES COTIDIANAS DE 0 A 6 AÑOS**
 Teresa Artola
 6ª edición

53. **SITUACIONES COTIDIANAS DE 6 A 12 AÑOS**
 Teresa Artola
 4ª edición

54. **SITUACIONES COTIDIANAS DE TUS HIJOS JÓVENES**
 Santiago Herraiz
 2ª edición

55. **SITUACIONES COTIDIANAS DE TUS HIJOS ADOLESCENTES**
 Teresa Artola
 3ª edición

58. **INTERROGANTES EN TORNO A LA FE**
 Alfonso Aguiló
 4ª edición

59. **25 CUESTIONES ACTUALES EN TORNO A LA FE**
 Alfonso Aguiló
 2ª edición

60. **EDUCAR EN POSITIVO**
 Fernando Corominas
 4ª edición

63. **EDUCAR LOS SENTIMIENTOS**
 Alfonso Aguiló
 5ª edición

65. **EDUCAR EL CARÁCTER**
 Alfonso Aguiló
 8ª edición

66. **CARÁCTER Y VALÍA PERSONAL**
 Alfonso Aguiló
 3ª edición

68. **LA TOLERANCIA**
 Alfonso Aguiló
 4ª edición

69. **ENSEÑAR A PENSAR**
 Antonio Jiménez Guerrero
 5ª edición

70. **VIRTUDES HUMANAS**
 José A. Alcázar y Fernando Corominas
 4ª edición

81. EDUCAR LA CONCIENCIA
José Luis Aberásturi
2ª edición

82. EL ARTE DE ENSEÑAR A AMAR
Juan José Javaloyes
4ª edición

84. CÓMO HACER HIJOS LECTORES
Carmen Lomas Pastor

86. ACERCAR LOS HIJOS A DIOS
Ernesto Juliá
2ª edición

88. JUGAR: LA FORMA MÁS DIVERTIDA DE EDUCAR
María Isabel Jiménez Domecq

90. CÓMO VIVIR LA LITURGIA EN FAMILIA
Fernando Corominas

91. PADRES, ADOLESCENTES Y DIOS
Ernesto Juliá

■ MEDIOS EDUCATIVOS

71. PROBLEMAS DE LOS ADOLESCENTES
Antonio Crespillo-Enguix
2ª edicíon

72. LA COMUNICACIÓN EN LA FAMILIA
Gloria Elena Franco
5ª edicíon

73. HIJOS, TUTORES Y PADRES
José M. Cervera y José A. Alcázar
4ª edicíon

80. 100 PLANES DE ACCIÓN
Fernando Corominas
2ª edicíon

■ TÍTULOS DE ESTA COLECCIÓN PUBLICADOS EN INGLÉS

BRINGING UP CHILDREN TODAY
Fernando Corominas

TRAINING THE WILL
Fernando Corominas

YOUR CHILDREN FROM THE AGES 3 TO 6
Manoli Manso and Blanca Jordán de Urríes

MAKING DEMANDS IN BRINGING UP CHILDREN
Eusebio Ferrer

LITTLE PROBLEMS FROM 0 TO 6
Teresa Artola

LITTLE PROBLEMS FROM 6 TO 12
Teresa Artola

POSITIVE EDUCATION
Fernando Corominas

HUMAN VIRTUES
Fernando Corominas and José A. Alcázar

Guías para educar

Pequeños manuales prácticos
para saber más y educar mejor

CÓMO SE EDUCA UNA AUTOESTIMA FAMILIAR SANA
Cynthia Hertfelder

CÓMO DIGO QUE NO A MI HIJO ADOLESCENTE
Blanca Jordán de Urríes

CÓMO USAR LAS NUEVAS TECNOLOGÍAS EN LA FAMILIA
Marianeta Jáudenes

CÓMO SER OPTIMISTA ANTE LA VIDA
Blanca Jordán de Urríes

CÓMO DESARROLLAR LA CREATIVIDAD EN LOS NIÑOS
Teresa Artola González

EDICIONES PALABRA, S.A. - Castellana, 210 - 28046 Madrid
Telfs.: 91 350 77 20 - 91 350 77 39 - Fax: 91 359 02 30
www.edicionespalabra.es - epalsa@edicionespalabra.es